文芸社セレクション

夢の山河

加藤 れあ

JN035574

文芸社

目次

初めての記憶

その人の歩くリズムが心地よく背中の私に伝わってきた。私はその人におぶわれ、その背中で、もらった夏ミカンを転がしていた。

その時目にした夏みかんの鮮やかな色、背中で感じた心地よい振動、周りの爽やかな自然、いまだに私の記憶に焼き付いている。それは、七十年以上も前の福島県の田舎の光景のはずだ。初めての記憶のように思う。がっしりしたその背中を持つその人は誰だったのだろう。

私は、四歳頃、戦時中から、福島県の田舎に疎開していた養家に引き取られたようだ。

養家は、戦時中、義兄が生まれたこともあったのか、海のある関東地方の県から、親戚の住む福島県へ疎開してきていた。戦時中から福島県に移り住んで、戦後まで何年かそこで生活している間に、戦後、福島県の白河で生まれた私を引き取ったのだろう。全くの他人である私がどういう理由で養家に引き取られることになったのか、そのいきさつは今となっては全くわからない。

　私の記憶では、養家のあった場所は、福島の白河駅を降りて地方道を歩いて一時間以上はかかってやっと着くような山あいの所にあった。地方道からそこの地区の家々を見つけるのはなかなか大変だった。地方道から遠くに見える家らしきものを認めると、田んぼの中の道をしばらく歩き、やっと目的地辺りにたどり着く。家は少なく、どこに家があるのかと思うような場所であった。しかしその辺り一帯は、遠く緑濃い低山が周囲を巡り、山からの水が集落の周りを流れる広い川に滔々《とうとう》と注がれていて、自然豊かな場所だった。養家はその集落の一軒に住んでいた。集落と言っても、家々は、田んぼや林の間に見え隠れするような、隣家も、かなり離れた場所にあってさほど多くはなかった。

　小さい私が粗相をすると養母は私を川まで引っ張って行き、その川で水を掛けられ体を清めたものだ。川の水はとても冷たかった。そういう時、養父は夜、私に添い寝をしてくれた記憶がある。

　福島県の田舎で住んだ家の記憶はないが、小さかった私が家の外に出ると周囲は緑一色であった。デコボコした細い畑道を行くと、私の背丈よりあるタバコが周囲一帯、畑一面に植えられ規則正しく並んでいた。タバコは一本の木に何段にも渡って大きな緑の葉が何枚も付いている。葉は一枚で長さが三十センチくらいあったと思う。秋になるとその葉を一枚ずつ収穫して縄に編み込み、乾燥して出荷しているらしい。縄で編んだタバコは日が経つと黄変してゆき、何竿も納屋につるしてあるのが外からでも見えた。タバコは、今は契約農家が栽培しているようで、昔の面影を求めても、当時私が見たあの地区では作られていないだろう。

近年、タバコについて、いろいろ言われているが、小さい私が見たタバコの植栽の様子は、青空にすっくと映える緑の葉がとても爽やかに感じたものだ。もし、あの場所で同じ光景を見ることが出来るのなら行ってみたいものだ。

あちらにポツン、こちらにポツンと見える農家の土壁は傷んでいて壊れた土壁から材料の竹ひごが見えていた。家のまわりに農機具が無造作に立てかけられている。その軒先の物干し竿には、赤茶、黄色、赤紫の色が混ざったトウモロコシが何本もぶら下げてあった。

養家はそこでの生活のため、豆腐屋をやっていたようで、私はいつも残りのオカラを食べていた。どうせ捨てるものだったろう。それでも少し先の隣家に行くと、そこの小母さんが、同じオカラに何種類かの具を入れて煮たものを食べさせてくれた。そのオカラの煮つけの味はとても美味しくて小母さんの優しさとして今も記憶に残っている。

隣家は、大きな声で歌いながら畑で脱穀機を踏んでいた陽気でガッシリとした体つきの小父さん、私に優しくしてくれた小母さん、そして、『カズ』という私より一つ年上の男の子と弟がいて、私も一緒によく遊んだらしい。

後年、四十年ぶりに福島県に旅をした時、思い切って、隣家を訪ねたことがあった。小母さんは健在で当時の話をしてくれた。「クミチャン、ウントメンコカッタケ！」当時『カズ』達と一緒に遊んでいた時、『カズ』が川に落ちたらしい。私が急いで隣家まで行き「カズが落ちた～！」と知らせに行ったとのこと。私は覚えていないが、何十年経っても小母さんがそれを覚えていてくれたことが嬉しかったし、訪ねた時は、私は四十代だったが幼かった私にメンコイなど誰かに言ってもらった記憶もないので、素直にその言葉が嬉しかった。

私が就職して数年した頃『カズ』も上京して、同じ県で働くようになったらしく、ある時、私の職場のフロントに私を訪ねて来てくれた。残念なことに、その時、私は不在で会えなかった。成人した『カズ』に会ってみたかったが……。

戦後、数年経った頃、養家は疎開先から以前住んでいた町に引っ越す時、私は少しの間、福島県に残り、ある夫婦に預けられた。その小父さんは戦後、復員してから声をかけてくれた勤めを断り、小母さんと二人で山仕事をして暮らしていた。小父さんは背丈が大きく、いつも優しい笑顔を絶やさない穏やかな人であった。小母さんは、朗らかで小父さんの言うことには何でも同調する、こちらも優しい人であった。子供のいないその夫婦は私をとても可愛がってくれた。

物心ついた時には安心感も、愛情も感じさせない、きつい養母に、恐怖すら感じて、小さいながらに身を縮めて養家で暮らしていた私にとって、その夫婦のもとでの暮らしは、養家での肩身の狭い思いを払拭してくれる、伸び伸びと出来た別天地だったのだ。

小さくても周りの環境はすぐに自分の意識に入ってきた、ここでは自分の気持ちを素直に出しても良いのだ。自分に辛く当たる人はいないのだ。

何という優しい幸福感に包まれた日々だったのか。夫婦は私を預かった時、山の中で炭を焼いていた。出来上がった炭を売るのも生活の糧だったのだろう。炭焼きが始まると、それが出来上がるまで小父さん、小母さん、私の三人で山の中の小屋に泊まり込みの生活をするのだ。

あまり長くはなかったであろうその山での思い出が、今も私の心の中にしっかりと美しい素晴らしい思い出として残っているのだ。その心の記憶が今までの私を支えてきてくれたし、これからも変わりなく支えてくれるだろう。心の大切な栄養剤のようなものだ。優しい小父さん、小母さん、ほかに友達もいない、だが、小屋を出ると、目の前の川はキラキラと光りながらやさしいせせらぎを奏で、私に微笑んでくれているように思えたし、少し歩けば赤い実の生る野いちごの群れ、摘んで、口に入れると甘酸っぱかった。そこここに咲く黄色や白の可憐な花々、周りの緑の木々は風のそよぎに合わせてソッと歌うように揺れている。野兎が遠くで跳ねていたかもしれない。

青い空には白い雲が浮かび、私に親しみを向けてくれている。私が見つけた私だけの夢のような世界……。

入学前から

それは五歳くらい頃だろうか。当時住んでいた小さな家の前には、道を挟んで滑り台とブランコだけの公園があった。そこに一人でいると、「もらいっこ～、もらいっこ～」と何人かの男の子達が私に無遠慮に言い立ててきた。すると、「もらいっこじゃね～」と家から養父が出てきてその子達を追い払った。

七十年以上経つので、記憶は大分薄れてきたが、養家での二十年余りは自分でもよく耐えてきたと思う。

私は、福島県の一時預かってもらった小父さん小母さんの元から引っ越し先の養家に戻ってきたのだ。街は、駅から伸びる大きな通りが海に通じていたため、江戸時代から海運が盛んであった。歌舞伎に出てくる人情小噺の舞台としても有名だった。広い大通りには、両側に大小の料理屋、魚屋、酒屋、洋服屋と、あらゆる業種の店が並んでいた。街の人は古くから栄えた伝統のある街として誇りに思っていたようだ。

駅からすぐにある地元銀座と書いたアーケードをくぐると大通りよりも更に密集し

た商店街に出る。道幅の狭い商店街はどの店も間口が狭く肉屋、魚屋、八百屋、食堂、かばん屋、本屋、所狭しと何でもありだった。辻々には、寄付を募ってか、白い衣装を着て、軍の帽子を被った傷痍軍人が立っていた。アコーディオンを弾いている人もいた。

沢山の人々が戦後の混乱からの復帰のためそれぞれの思いで通りを行き交い、喧騒、舞い上がるホコリ、食べ物や様々な匂いである種の活気がみなぎっていた。街頭には、テレビが置かれて、その映写を見るため、幾重にも人だかりができていた。商店街からは、まだ若い、美空ひばりの『りんご追分』や、笠置シヅ子の『東京ブギウギ』がよく流れていた。

養家は、家や、商店が立ち並ぶにぎやかな街の中心から歩いて四十分程のところにあった。賑やかな市街地を三十分程歩き、途中から小道に入る。急に家並みは少なくなり、戦災を免れたらしい家々の周りに生い茂る木々で暗くなった道が暫く続き、そこを抜けると子供心にもお洒落と思った作りのきれいな一軒の家が出る。和風できれいに囲われた高すぎない塀、庭には良く手入れされた木々が配置良く植えられていた。表札には『日暮亭』と書いてあった。『日暮亭』を右に折れると、向こう一帯が田んぼにおおわれた風景の先に、瓦屋根に小規模の作りの同じ家が並ぶ集落が見える。その集落の一軒が、私が二十年余り過ごした家なのだ。五、六十戸はあったのだろうか？

その集落には戦前に海の一角を埋め立てて造られた海軍航空隊があったので、戦時中海軍兵の宿舎として建てられたものを、戦後、一般人に払い下げたようだ。

養家は戦前この街の駅の近くの商店街の一軒で糸、毛糸の小売店をしていたようだ。当時衣類は手縫いの時代であり、街には芸妓さんも多かったので店は流行っていたようだ。義兄が生まれたこともあったのか、戦争が始まると親類がいる福島の田舎に引っ越したらしい。

戦時中から戦後まで、数年間を疎開先で過ごした後、もと住んでいた街に家を買って戻ったのだ。養父は、この街に来てから、今はない業種と思うが、日用品の仲買商を始めた。東京の問屋で、生活に使ういろいろな小間物を仕入れ、自宅で加工し、それらをオートバイに積んで各地域のお得意さんを回って売り歩くのだ。当時は、各地域に商店があったのでその仕事も成り立ったのだ。

養家での私の暮らしが始まった。五歳の私は、皆が未だ寝ている時、朝一番に起きて、庭にある養父が手作りしたブリキのかまどに前日米を入れてといである釜を載せ、焚口に古新聞と細かい古木を重ねて入れ、マッチで火を点ける。新聞が燃えだしたら、更に細かい木の切れ端を乗せ徐々に太い薪をくべていく。火が消えないように丸い竹筒を口に当て、「フーフー」吹いたり、うちわで煽いだりしながら、火が消えないように薪を更に入れていく。ある程度の時間が経つと、釜からシューシューと蒸気が出てきて釜の縁に流れ始める。しばらくその状態が続くとだんだん吹きこぼれる量が少なくなりパリッパリッという音がしてくるとご飯が炊けてきたことがわかる。あとは、余熱でご飯は完全に炊ける。おこげの良い匂いもしてくる。薪は燃えやすいように、木を普段から細かく割っておくのは私の仕事だ。

次は味噌汁を作る。そのうち、やっと養母が起きてくる。

炊きあがった温かいご飯を私は食べたことがない。私のご飯は前日の残りだったから。

夏の冷蔵庫がなかった時代、残ったご飯をザルに入れて窓際に置いてあったが、前日のご飯は暑さでいつも饐えていて酸っぱい味がした。それが、当たり前のように毎日、私にあてがわれた。

温かいご飯は、養父母の一人息子に献上されていた。義兄は私より五歳上だった。

私は、おかずも当然食べられる部位ではなく、ほうれん草の根っこの捨てる部分を食べるとジャリッと砂の味がした。白菜の根など捨てるような物ばかりだった。美味しそうな部分に箸を伸ばすなど、養家の中では思いもしないことだった。日々の暮らしの中で自分の居場所はないことはわかっているので、家族並みに暮らすことなど許されないことは知っていた。カビの生えた物など私には平気であてがわれた。

小学校に入ってから

私が小学校に入学した時に、養父が私に手造りのランドセルを作ってくれた。白っぽいズックの布にふたに当たる部分の周囲を一本の線のように赤い布で縁取りしてくれたものだ。どのように作ったのかわからないが、昔糸店をしていたので何か技術があったか？　六年間私はそれを背負っていった。当時でも今程のものではないが市販のランドセルはあり、皆それを背負っていた。

低学年の頃、給食の時間に脱脂粉乳を溶いた物が配られるようになった。大きなブリキのバケツから、当番が柄杓で配っていた。それは、サラッとしていてほんのり甘く美味しかった。そのうち脱脂粉乳に変わって、一人ずつに、瓶の牛乳が配られるようになった。私はその瓶の牛乳を飲んだことがない。家に持ち帰り義兄に飲ませるのだ。本人は当然のようにそれを飲み、私は瓶だけ学校に返した。また、養父母の言いつけで、週に何度か、小学校の帰り道、知り合いの農家で牛を飼っている家から搾った一升瓶に入った牛乳を運んだ。一升瓶は重かった。その牛乳も兄用であった。当時の義兄は私が小学校から持って帰る瓶の牛乳も、農家から運んだ牛乳も自分だけが飲むのが当然のように飲んでいた。そもそも、私がなぜ給食で出された牛乳瓶まで持って帰ったのか。多分、養家で君主のようにふるまう義兄へ牛乳を進呈するということで、養家での子供なりの精いっぱいの自分の立場を良くしたいためのご機嫌取りだったのではないかと思う。

今思うと、その時の義兄の心境を聞きたいものだ。私が義兄だったら、そんなわざわざ学校から持ってこなくてよいから、学校で自分で飲めよ。私だったら絶対そう言うだろう。いくら養女とはいえ、自分の妹の前で平然と、しかも給食用の物と知っていながら当然のように口にする。そんな態度は絶対に取れない。冷たい人だと思った。今となってそのように思うが、当時の私は、日々の生活で、そんなことさえ思わない心境にさせられていたのだ。養家の中で、不平不満を少しでも表そうものなら、たちどころに自分は更にもっとひどい目にあうだろうということは推測出来たのだ。感情を外に出すことは勿論、自分の中でも感情が湧き出ることを無意識にブロックしてしまっていたのだ。

義兄は実父母に大事にされすぎて、人に対しての思いやりなど欠片も感じる人でなかった。ただ今思うに、養父母の私に対する態度があのように冷淡で粗雑でなければ、義兄の私への接し方も違ったのではないかと思う。両親の態度は時に子供に反映すると思うのだ。

当時、牛乳は貴重な栄養源であり、養父母は実子の息子には良いと言われるものは何でも与えた。義兄が欲しいと言った大概のものは、どんなことをしても与えていた。食べ物に関しては、どうしても記憶が薄れないようで、ある時、養母が梨を切って食べていた。私が側にいても食べろとも言わない。自分だけ食べて平然としている。何につけ、母親と息子は共通点が多い。

養母はふつうの主婦がしている家事をするのが嫌いだった。出来なかったのかもしれない。養母がたまに家事をやると「今日は洗濯をした、何をした」と家人に誇らしげに話していた。

私はそれを聞くと、よその家では普通に主婦がしていることなのにと思った。

当時は洗濯は水を張ったタライに洗濯物を入れ、洗濯板の上で固形石鹸でゴシゴシと汚れを取り、新しい水で何度かゆすいで絞って洗濯竿に干していた。私の着たものは養母は洗ったことはない。自分で洗った。今から思うとかなりの労働だった。しかし、私は洗濯は嫌いではなかった。洗い上がった衣類が、庭に何竿かに干されて風に揺れている光景が好きだった。

朝食作り、食事の片づけは当然私、部屋の雑巾がけ、掃除も当然私、道端の草刈り、庭の雑草取りからトイレ清掃等々、一日中働いた。冬の寒い時期、火の粉の炭で黒くなった鍋釜を洗うので、手はしもやけでパンパンに腫れ、それがアカギレとなって手指はいつも痛く赤黒くなっていた。小学校の掃除の時、雑巾を絞っている私の手を見て、女の先生が「まぁ、痛そうだこと！　誰か代わってあげなさい」と言ったものだ。養母は片付けが出来なかった。食器戸棚はいつも乱雑で食器、食べ物の残り物、乾物がゴッチャになっている。私は養母がいない時を見計らって整理した。養母がいる時は片付けさえうっかり出来ないのだ。私が何かをしてほめることはあり得なかったし、台所の周りをきれいにするなど、全く意に介さなかった人だったのだ。私は子供なりにその乱雑さがとても嫌だった。

いつもは私が洗うのだが養母がたまに食べ終わった食器を洗うことがあっても、私が使った箸、茶わんだけはまるで汚いもののように洗わずに、流しの隅に転がしてあるのだ。それを見ると養母の非情さを思い、自分の境遇を認識せざるを得なかった。

子供というのは、幼くても自分の境遇を把握するものだ。この中で自分が生きていくには、どうすればよいのかを。先ず、養母の機嫌を損ねないようにすることを……。言われる前に自分で気づき、やらないとこの家では生きていけない。そんなことを五、六歳で自ら学んだ。

朝早く起きて朝食の支度から夜寝るまで一日中コマネズミのように働いた。それでも、養母と義兄は、私がすることが遅いと言って私に『ノロマノロマ』という言葉を浴びせ続けた。自分でどんなに具合が悪いと思っても、それを家人に伝える勇気などなかったし、そのような状況は自分で我慢するものと思っていた。疲れても横になることなど出来なかったし、どんなに私が辛そうであろうと医者に私を連れて行くなど発想すらしなかったろう。私にお金をかけることなどとんでもないことだったから。当時の私は、一度、風邪の症状が起きると、くしゃみ、鼻水、挙句は、涙が流れて止まらず、一週間近く真っ赤な目をしていた。学校に行っても、流れる涙を拭うためいつも手ぬぐいを離せない状態だった。小学校の中でそんな自分の姿を見られるのが恥ずかしく自分を惨めに思った。みんなはあちらの明るい豊かな陸地で楽しそうに暮らしているのに、私だけたった一人暗く寂しい狭い場所にいるように感じた。

当時は、今より気温が低く、冬は毎年雪が数センチ積もった。道の真ん中は人の往来で雪はなくなっていたが両脇にはいつまでも雪が残っていた。当時は、履物は運動靴の子供もいたのだろうがそんなに多くなく、下駄が多かった。そして足袋を履いていた。足袋は男の子は黒か紺、女の子は赤色が多かったか。洗わず擦り切れるまで履くので、湿った足袋はいつもとても冷たかった。春の訪れをあんなに期待したことはない。春が来るのが、とても待ち遠しかった。「春よ来い。早く来い。歩き始めた美代ちゃんが〜」という童謡があるが美代ちゃんのニュアンスと少し違うかもしれないが、春を待ち焦がれる気持ちは同じだったと思う。

夏は暑かったが、毎日のように夕立が来ると急に自然の打ち水をしたように涼しくなったものだ。今は雪が降るのは、年に一度か二度だ。夕立という天からの恵みもほとんどない。

小学校には、何地域かの子供達が来ていた。比較的町場の子供、海に近い地域、山に近い地域、中間の子供とあった。私は中間の地域だった。隣が海に近い子達で、それぞれに特色があった。当時は服装もまちまちで、町場の子は比較的あか抜けて、海側の子達は家で着古した半纏をそのまま着てきて、お弁当に焼き餅を持ってきていた子もいた。固くなった焼き餅をお昼に文句も言わず食べていた当時の子供が何と慕わしく感じるこの頃だ。自分が当時どのような格好をしていたのかわからない。今のように、皆が新しい洋服を買ってもらえる時代ではなかったが、私も多分着たきり雀だったろう。高校生になるまで鏡を見るなど許されず自分の姿は記憶にない。

当時、隣家で飼っていた『タマ』という猫が時々やって来ては、養家の縁側の端っこに遠慮がちにソッと座っていた。隣家は、越して来て未だ数か月だった。ご主人が高校の教頭先生で奥さんが地方の資産家の娘ということで、相手を見て平気に態度を変える養父母は、下にもおかない態度で接していた。隣家は兄と同学年の息子、下に娘二人という家族だった。ご主人の趣味か庭も庭師の手によって、きれいに植栽されていた。奥さんは料理がとても上手で時どき見たこともないような美味しそうな料理を作って、おすそ分けしてくれた。一番覚えているのはおでんだった。いただいたそれはそれぞれの材料を大きく切って、多分良い味が染みているだろうと思われるように、きれいに盛り付けてあった。都会の専門店で出される物に思えた。養母の作るおでんらしき物は、何種類かの適当な物が入ったごった煮のようなものだった。今、思い返しても養母が作ったもので美味しいと感じた料理は一つもないし、料理をしている姿がどうしても思い出せないのは何故だろう。

それにしても隣家のお料理の差し入れは私には新しい文化を見るような思いがした。

隣家に『フジ』と名付けられた白い日本犬がやってきた。隣家では家族で『フジ、フジ』と言ってその犬をとても可愛がっていた。庭で遊ばせたり、部屋にも上げて大切にしていた。隣家の次女に時折、友達がやって来て、廊下の縁先で『フジ、フジ』

と遊ばせながら和やかに談笑する様子が聞こえてくると、自分には到底得られない憧れの光景に思えた。時折養父に隣家の姉妹を「お嬢様だからお前とは違う」と言われると腹立たしく悔しい思いをしたものだ。

その家族がご主人の異動で引っ越していった。もちろん、『フジ』も家族の一員で一緒に越した。ただ『タマ』は置いてきぼりにされた。その後も『タマ』がやはり同じようにやって来ては、家の端にひっそり座っていた。『タマ』を見ると私と同じ境遇を感じた。その後『タマ』はどうなったのか……。

今は、ペットは家族の一員として大事にされているが、当時、養家でも犬を飼っていた。ある時、その犬が家の近くで車に轢かれて死んでしまった。そして、その犬は、家より離れとところにあった海の水をせき止めて沼になっていたが、そこに養父が投げ捨てて終わったのだ。その光景を見て、私も死んだらあんな風に捨てられるのかと思った。

境遇があまりに辛くて、夜、布団の中でひもで自分の首を絞めてみた。だがそんなことで死ねるわけもない。その頃、伊勢湾台風がきて、家、人が流され甚大な被害があったというニュースがあったが、ここにもそれが来て欲しいとどんなに思ったことか。そうすれば、自分もこの家から合法的に逃げられると思ったのだ。普段、どんなに嫌でも辛くても、家出などしたら、即刻連れ戻され、きつい折檻を受けることは子供心にもわかっていたから。

なにしろ、私には行く当てなどないのだから。

私は、全く自分の親、兄弟のことは知らなかった。

小学生のある日、私だけ家にいた時、ちゃぶ台の上に、半分開いた封筒があった。何気なく見ると、私の養子縁組の書類と、実父から養父にあてた手紙だった。実父は『米沢次郎』という名前で現住所は東京都練馬区……実父の手紙の内容は久美子をよろしくお願いします。という内容だった。その手紙を見て文体もしっかりしており、達筆だったのを覚えている。今、思うと養家がわざとそうして私に見せたのだろう。そんなことは言われる前にわかりきっていることなのに。養家では育ててやっていることを強調したかったのか？

ただ、初めて実父の存在を知った。

養母は、私を貶めることにはいとまがなかった。「久美子の『く』は苦娑婆の苦だ」とか、私は卑しい血筋だとか時折そんな言葉を投げつけてきた。養母がその後も時折口にする『苦娑婆』という言葉が私は、とても嫌だったし、養母の普段の言葉使いが汚くて、それもとても嫌だった。養父が出かけて不在の夜など、寝る前、布団に横になった養母の腰を揉んだり、肩を揉んだり、養母が寝るまでやるのだ。途中で止めると怒られる。

何かの折、私が少しでもはしゃぐと、養母、義兄の神経に障ったようで「調子付きやがって！」こう言って怒られた。私は自分の感情を出してはいけないこと、うっかり会話をしてはいけないことを何度も自分の中で反芻しなければならなかった。

そういう中で、養父は時折、私をオートバイの後ろに乗せ、街なかの映画館に連れて行ってくれた。当時映画は全盛で、街には時代劇専門の館、現代物、洋画専門と映画館が何館もあった。最盛期には六館あったように思う。鞍馬天狗の黒い覆面をして悪者をやっつける嵐寛寿郎、母物の三益愛子、西部劇の馬にまたがりテンガロンハットを被ったジョン・ウエイン。子供だったので、内容はあまりわからなかったにしても、悪いことをしてはいけない。というような教えもあったのだろう。映画は二作から三作上映されていた。休憩時間、養父が小用を足しに行って戻ると、売店からいつも私にアンパンと三角形の袋に入ったピーナッツを買ってきてくれた。アンパンとピーナッツをもらって食べるとホッとして嬉しかった。家にいる時のように、その時は身を縮めなくてよいのだ。

当時、映画館は超満員で、今のように近代的なきれいな作りではなかったが、休憩の合間の人の行き来やざわめきが今も記憶の中にある。ある時、三益愛子の主演映画の時、上映中隣の養父が泣いているのを見てしまった。母親と子供が生き別れになる場面だったような気がする。その光景は今も記憶にあるが、私が大人になって知ったのだが、私が引き取られた福島の疎開先に、実母が、私を探してやって来て、その時、養父が実母に会ったようだ。その時の光景と重なったのか……。

何があっても私が、奴隷並み、女中以下のような毎日は変わらなかった。義兄だけは、真綿に包んだように大切に育てられ、欲しいものは何でもあてがわれた。家庭教師、その頃出来始めていた塾、担任の先生への付け届け、考えられるあらゆるものはあてがわれた。しかも、養家では義兄の発言が一番だった。あの強くてきつい養母でさえ義兄の前では従者のようであった。

手を真っ黒にして指がひび割れようが、何もかもするのが当たり前の私と、釘一本動かすこともない義兄との格差を感じるのは私だけだったのだろう。

実子と養女なのだから。

五歳の頃は未だ友達もなく、家の前の公園の砂場にかがみ込み、一人で三角形の小さな砂山をいくつか作り、それに水を少しずつかけて砂山がこわれていく様を眺めていたりして過ごしていた。

『もらいっこー』とは言われなくなったが、遠くに何人かの男の子がいた時、その一人から石を投げられたこともあった。そんなことをされたからといって悲しくも、惨めにも思わなかった。養家での状況から思えば何でもないことなのだ。

小学校に入ってからは、徐々にその町内の、女の子同士、年が違っても皆仲良く遊んだ。家々の軒や裏側に回ってするかくれんぼ、輪ゴムを長く繋いで一本の縄にして、両側の子が、高くして持ち、ほかの子が遠くから走ってきてゴムにさわらないように飛べるか。あるいは、両側の子がそれを回して歌いながら、縄にかからないように飛んで遊ぶ縄跳び。石けり、石けりと言っても、石ではなく、近くに大工さんが工事をしている場所に行き、捨てた木の端っこをもらい使うのだ。十センチ四方もあれば充分でそれを宝のようにしまい込み、みんなが集まった時、片足ケンケンしながらそれを蹴って、誰が一番遠くまで飛ばせたかを競った。

男の子は床に並べた相手のメンコに自分のメンコを思いきり叩きつけて相手の物がひっくり返れば勝つ、それを繰り返すという遊びや、爪の長さ程の黒い蜘蛛を小さい台の上で双方戦わせて台から落ちた方が負けという遊びをしていたと思う。

当時は、どこの家も戸締りせず、開け放してあったし、子供のいる家は勝手に入っても怒られなかった。どこかの家に行くと、サツマイモが沢山ふかしてあったし、「食べな、食べな」とくれるのだ。もらって遠慮なく食べながら遊んだ。何人もの子と遊んだし、一番いつも一緒にいたのは、同じ学年の佐代子ちゃんだった。二人で連れ立って集落の周りにある竹藪を抜けると、広い田んぼが四方一面に広がっている場所にもよく行った。田の周りには、子供の足でも渡れる狭くて浅い小川が流れている。よく見るとメダカも泳いでいる。春先は川の両側にタンポポやスミレが咲いていた。川面には流れに沿って浮いている水草を見たりした。秋になると、田んぼに稲わらが見上げる程の高さに積み上げたワラボッチがそちらこちらにあり、それを背に二人で遠くを見ながら日向ぼっこをしたものだ。時には、もっと先に行ってみようと一帯がベージュ色に見える田んぼみちをしばらく行くと遠くに線路が見えた。その頃は蒸気機関車が黒い威厳のある車体を連ねて白い蒸気を噴き上げながら走っていたはずだ。それを遠くから見た記憶が残っている。線路を渡ると、やや高低差のある田んぼの用水路の一角から湧き水が出ていた。そこで手を洗ったり、水を飲んだりした。田んぼの周りにあるヨモギ、セリを取って帰ったかもしれない。田んぼの先にある広い草地には白いクローバーが咲き、四つ葉を見つけたりしたものだ。

外から養家に戻ると、状況は一変する。ゆっくりくつろぐなど許されない。私が外で遊んで帰ると養母の表情が一層きついのだ。眉間にしわがあると、私はとくに気を付けなければいけない。

夕方はお風呂に水を汲む用事があるので早速やらなくては。当時は井戸からポンプで水を汲み上げるのだ。狭い庭の隅に井戸はあった。ポンプは何度も何度も疲れるまで上下に押してやっと水が溜まっていく。お風呂は木で作られていて、火を燃すところ『焚口』に新聞紙、細木で火をつけ火力が落ちないように太い薪をくべていく。養父がいる時はこれをやってくれるのだが、不在時は私の仕事だ。養母がお風呂を沸かしている姿を見た記憶がない。

このお風呂場は前に、手先の器用な養父が一人で作ったのだ。当時はお風呂が各家庭にあったわけでなく、街の銭湯に行くのが普通だったようで、私の遠い記憶でこの家に来た頃、一時間近く歩いて銭湯に行った記憶もある。

養父は今思うと実に器用なところがあった。彼は、お風呂場を作る前に、家の外にへばりつくようにあった流し台、井戸ポンプ、そしてお風呂も、全部が一つの部屋に入るようにトタン板を何枚もめぐらし、屋根までつけて一つの部屋にしてしまったのだ。お風呂場は木のスノコが敷いてあった。これも手作りのはずだ。お風呂を沸かすのが薪だった時はいつも釜のそばにいて、絶えず薪をくべることを欠かせなかったが、その後、石炭になってからは、一度くべると長い時間しっかり燃えているので、沸くまで焚口についていなくてもよくなった。しかも、余熱でお風呂も冷めづらい。養父の器用さはいろいろなところで発揮していた。台所以外にも二部屋続いた外側に廊下を作り、屋根をつけてテラスのようにしたり、何か壊れると直してしまったりと、他のいろいろなところで表れた。ずっと後になって購入したテレビジョンも、真空管が壊れた何が壊れたと言って、よく修理していた記憶がある。当時のテレビのブラウン管を外すと下の台一面細かい電気の回路など張り巡らされていてとても難解に見えた。だが、難なくそれを直してしまう養父を「すごい！」と思った。電気製品に対する知識は学んだわけでもないはずだが深かった。近所でも何かが壊れると、直してやっていた。養母はそんな養父を「器用貧乏」と言っていた。

普段は身なりに全く気を配ることはなかったが養父だが、正月前に神棚に一本釣りの荒巻鮭を下げ、餅やミカンの飾りつけを終えて、夕食前にお風呂に入り髪をきれいに撫でつけて丹前を着て食卓に座ると、いつもと違い、二枚目で優しい人に見えた。

朝は、しばらく行った所に大きな豆腐屋があり、味噌汁の具にいれる豆腐を買ってくるため、容器を持って買いに行くと、湯気がもうもうと立ち込める店内には出来た豆腐がいくつもの水槽に白く浮かんでいる。店の人は水槽の中の豆腐を切ったり、何人もの人々が立ち働いて活気があった。小さい私が何度も行くので行くたびに、おまけを沢山入れてくれた。朝は自転車に乗って『納豆〜納豆〜』と言いながら納豆売りが来ていた。当時の納豆は、経木に包まれて三角形だった。

豆腐屋と並んで、隣があんこ屋だった。ここにも私はよくあんこを買いに行った。そのあんこで養父は五月になると柏餅を作ってくれた。大きな蒸し器に沢山の柏餅が並んでいるのを覚えている。この他にも、このあんこで時々水ようかんも作ってくれた。トコロテンも上手だった。トコロテンは天草を溶かしてよく熱を加えて煮だし、これも義父が自分で作ったトコロテン押し出し器で、形は細長い四角形で中が空洞の板で片側に細かい縦横の網目を付けた金網が付けてあり、片側から固まったトコロテンを入れて四角い棒で突き出すと、麺のように細くトコロテンが出てくるものだった。これらの手作りの物は養父が一人で作ってくれた。養父は普段、料理は全くしないし、出されたものは何でも食べる人だったが、柏餅と、水ようかん、トコロテンは私の養父の記憶の大きい部分を占めている。

食べ物の記憶で養父が手作りしてくれたお菓子以外で普段の食事は、いつも満たされない思いがしていた中で、私がありつけた物があった。それは当時引き出物として養父がたまに持ち帰る飴子で作られたお菓子だった。経木の箱を開けると片手より大きい、鯛の形や、花の形がしていて全部飴子で出来ている色取りも綺麗なお菓子だった。家の人は誰もそれを食べないので、その時だけは私は飴子のお菓子を自由に食べることが出来た。何度かその口取りは私の空腹感を満たしてくれたのだ。

家の前が公園だったので、小学校が終わる頃、紙芝居のおじさんが毎日やってきた。自転車に紙芝居一式載せて公園に着くと、おじさんはカチカチと拍子木を叩いて歩きながら来たこと知らせる。すると、公園にいる子を含め、紙芝居の周りには小さい子から高学年の子供達が集まってくる。それぞれ割りばしの割ったような物に付けた水あめを買って流れ落ちないように交互にまわしたり、割れ目の入ったせんべいを割っていくとある形になったりしたものをその子供達の小遣いで買うのだ。一通りお菓子が売れると、小父さんは紙芝居を始める。お菓子を買った子はそれを舐めたり食べたりしながら、紙芝居を楽しむのだ。私はお菓子を買うお金は持っていないのでお菓子は買ったことがなかったが、皆と一緒に紙芝居を楽しんだ。その小父さんの紙芝居はその登場人物に成りきって声を変えたり、ひそめたり、女性らしくやったりと、とても面白かった。お菓子を買わないからとは一言も言われたこともない。

養父がある時、小さなキューピーさんを買ってきてくれた。私はいつまでもこれを大切にして後々端切れの布で洋服を作って着せたりしていた。

養父は人が来ると自分達夫婦のことを「俺達は恋愛結婚だから」と養母との話を披露していた。養父が、その話を自慢気に話していることに、私はしっくりこなかった。養母が過去にそういう感情を持ったことに違和感を覚えるからだ。あの人が人を好きになるのか？　あの意地悪な人が？

普段、養家で唯一私に味方してくれる人と思っている養父が、養母とのことを自慢気に言うことで、やはり私には誰も味方などいないのだ。そう思うことは度々あった。

養家はどちらかというと、養母の方が強く、養父に気兼ねすることなく、好きなことをしていた。養母の知り合いが家に来れば、養父も話に参加するし、養母は又よく家を空けていた。気の合う友人宅で花札に興じているのだ。それでも養父が不満を言うこともなかった。養母はよその主婦のように家事をしたり家人の面倒をみることなどわからなかったのか？

養母は結婚するまでご飯を炊いたことがないと言っていた。お嬢様だったわけではなく、上に何人かの兄、姉がいて、末子だったためだろう。私は、子供心に養父がいつも襟が黒く汚れたシャツを着ているのを見て、たまには、洗ったきれいなシャツを着せてあげればよいのにとよく思った。養父も身なりなど気にしなかったので、私が子供のくせに余分なことを考えすぎかもしれないが。

　その養母が唯一、逆らえず絶対服従するのは、義兄の存在だけであった。

　義兄にはどのような家の手伝いもさせなかったし、義兄の発する言葉は神の言葉のように従っていた。それは養父も同じであった。大切な大切な一人っ子だったからだろう。

　普段は、養母はズボンをはき、割烹着をつけ、こめかみに青筋が浮いている険しい表情をしている印象で、優しさなどまるで感じなかったが、出かける時など、たまに和服を着てお化粧すると、別人のように思えた。子供心に「きれいだな。この人も女なんだ」と思った。そういう時は、養母を、優しく感じたものだ。

　養父母は、時折、自宅に人を寄せて、小宴会のようなことをやるのが好きだった。お正月の頃か、近所の人達七、八人が集まっていた。私はそういうときは、宴会のおこぼれの丼物をあてがわれて隣の台所で、目立たないようにしていた。そのうち、お酒を飲んで酔った養父がいかがわしい歌を歌い出した。私にも聞こえてくる。その時よくやって来る男勝りの風貌で踊りを教えている中年の女性が「子供はいないんだろうね〜」心配そうに言うのが聞こえた。

そこへ養母が「いねえ、いねえ！」とすかさず言う。私の存在など全く無視だ。ひどい女だ！　と思った。いまだにその言葉は私の心の隅に刺さっている。

小学校の低学年の頃の学校内での記憶はあまりないが、高学年になると、学校で仲良しの友達が何人か出来た。明子ちゃんはクラスが同じで、登下校が同じ道だったので、よく一緒に帰った。明子ちゃんは背が高く優しかった。上にお兄さん、お姉さんがいて、隣の席の私は明子ちゃんのお弁当にいつもお姉さんが作ってくれるという目玉焼きが乗っていたのがうらやましかった。帰り道、明子ちゃんは耳年増的に「学校の○○先生と△△先生が付き合っている」とか、子供心にも興味のある話題を沢山持っていて私に話してくれた。私達二人は面白可笑しく、いろんな話を言い合った。見かけに寄らず明子ちゃんはとてもユーモアがあり、私達は小さなことに話題を見つけ、二人でよく笑いあっていた。

彼女はいつも『少女』という当時流行っていた月刊誌を家で買ってもらっていて、読み終わると私にいつも貸してくれるのだった。その本を借りて読むのが私はとても楽しかった。その本の中に「文通をしましょう」という項目があった。当時は、手紙を書いて遠くの人と交流するというのが流行っていた。私はそれに興味を持って、本に載っていた女の子に手紙を書いていると義兄に見つかり「こんなものやるな！」と怒られ、早速、禁止されてしまった。義兄は私がすることには、いちいち禁止する人間という印象だ。

学校ではもう一人の秀子ちゃんとも仲良くなった。秀子ちゃんは三人姉妹の末っ子でよく家でのおじいさん、おばあさんの会話の内容から姉妹の話をしてくれた。楽しそうな家庭の様子が想像出来て秀子ちゃんの話を聞くのがとても楽しかった。

私は女の子の絵を描くのが好きでノートの隅などによく描いていたが、これも義兄に見つかり大層怒られた。秀子ちゃんも同じように女の子の絵を描いていた。まわりの女の子がそれを見て「私にも描いて～」と二人に言ってきたりしたものだ。そうこうしているうちに明子ちゃん、秀子ちゃん、私でとても仲良くなった。三人で三羽カラスなどと称してクラス会での出し物に寸劇を考え、演じて皆の笑いを取ったりした。この頃は小学校時代で楽しい思い出だ。

当時、夏休みになると近くのお寺の境内で映画館でやるような映写を見せてくれた。夜になると境内は大人、子供でビッシリになる。各自、境内に座って映写を見るのだ。お寺の建物前に大きな白布を吊り下げて、そこに映写機で映すのだ。夏の夜に見た映画は広い境内で映し出され、映画館とは違った開放感があった。その映画に出演していたのは山本富士子さんという女優さんだった。内容は全然覚えていないが、とても綺麗な人だった。

夏休みの思い出にラジオ体操で小学校に行った記憶がある。ラジオ体操は戦後、国民の体力向上のために国で普及を務めていて、とても盛んであった。その日は普及に努めて全国を回り歩いているという有名な紅林武雄さんが学校にやって来て指導してくれるということだった。小学生はほぼ全員参加し、近隣の人達も沢山参加したので、広い校庭は沢山の人達で埋め尽くされていた。朝礼台に立った紅林武雄さんがとても爽やかな遠くまで行き渡る声でイチ、ニイ、サン、シイと号令を掛けながら体を動かすと校庭の全員が一緒に動いた。今でもラジオ体操の曲と共にその日のことが鮮明に思い出されてくる。

その頃は夏休みの間、朝食前に、家の前の公園には子供達が集まり、ラジオから流れてくる掛け声と共に体操を行っていたものだ。長い間の習慣で、今でもその動きは体に染み込み、曲が無くとも自然に体を動かすことが出来る。

五年生の頃か、音楽の時間だった。音楽は担任の先生ではなく、専門の男の先生だった。音楽室での授業時に、各自でハーモニカを買って持ってくるようにと言われていた。その日も先生が「ハーモニカを持ってきた人～」と聞くと、数人を除いて大多数が「ハーイ」と手を挙げた。数人の中には勿論私も入っている。先生は数人に対して次の授業には必ず持ってくるようにと念を押した。

翌週の音楽の授業で同じようにハーモニカを持ってきたかの確認があった。持って行かなかったのは、私一人だけだった。すると、先生は「みんな～あの子を見なさい。あんなに言ったのに、まあだハーモニカを持ってこないんだよ～」と教室の後ろに立っている私を嘲るように指差し、みんなを振り返って見させるのだ。私は悲しかった。養父母にお金のかかるハーモニカを買って欲しいなど、自分の欲求を封印して生きている私にとってどうしても言えなかったのだ。ハーモニカはその後どうなったかは忘れたが、その時の記憶のせいかわからないが私はそれから音楽が嫌いになってしまった。その先生はそこの街でも資産家の家系らしいが、未だその家の近くを通るとそのことが思い出されてくる。

当時私の住んでいた集落の人達はほとんどが自営業か、勤め人が多かったのではないかと思う。下駄屋さん、畳屋さん、お産婆さん等、実際の名前より生業で呼ばれていた。今より勤め先も多くなかった時代、よその家はどういう暮らしをしていたのだろう。集落は周りを広い田んぼで囲われていたが、養家の前の公園のそばの田んぼの持ち主は海に近いこともあり、半漁半農の生活をしていた。

三月頃には、田は稲作の準備が始まり、大人数での田植え、何か月間の稲作を経て、秋の刈り取りが終わる。稲作が終わると、次は、海での海苔取り作業の準備が始まる。田んぼは一枚の田の片側に高く土を寄せて海苔干し場を作る。土をさらった部分は、畳二枚分くらいの水たまりが何か所か出来る。その水たまりにはザリガニ、オタマジャクシ、カエルがよく繁殖して子供の遊び場になっていた。男の子が何人かでひもを垂らしてザリガニ釣りをしていた。ザリガニは紅色をして身体を曲げて釣られていた。

寒さがきつくなってきた頃、その土の部分に海苔を干すための木の桟が作られ、天気の良い日には、その桟には沢山の海苔が干されていた。大きなヨシズを縦にしたようなものに、巻き簾に並べられた生海苔を留めて天日で乾かすのだ。一枠に十何枚の海苔が規則的に並べられ、その枠がよく日が当たるように何十枚と畑一面に並べられている。よく日が当たって乾いてくると漆黒の海苔が太陽光線を浴びて光ってくる。午後になって近くに行くとバリッ、バリッと海苔が乾いて、巻き簾から剝がれていく音が聞こえてきた。太陽が沈む前には海苔はヨシズから一斉に剝がされ、なくなっている。自宅に持ち帰って一斉に巻き簾から海苔を剝がす作業をするのだろう。寒い冬の間中、天気の良い日は海苔が干してある光景が何度も見られた。私は稲作の風景よりも、この海苔を干していた光景の方が懐かしく感じる。多分青空の下での作業が幸せ感を呼び、寒さを感じさせない、明るい思い出として残っているからだろう。

養母は、その当時、周辺の主婦がやっていたように、海に行き生海苔を採り始めた。船がなくとも入り江で手摘みでそれは取れた。入り江には同じような目的を持つ主婦が何人もいて防寒のために頭巾や手ぬぐいで頭を巻き、背負い籠を背負って海苔を取っていた。皆、それを自宅で干海苔として完成させ、市内の海苔問屋に売りに行くのだ。完成品はそれなりの収入になったようだ。海から養母がそれを持ち帰ると、急いで養父と私は海苔の中のゴミ取りを行う。ゴミが混ざっていると安く買いたたかれるのだ。寒い部屋で冷たい海苔に、長時間手をさらすので、手もかじかんでくる。無言でその作業をしてやっと終わると、次はまな板の上で、海苔を包丁で細かくトントンと叩く。裏返したり、いろいろな角度から、より細かくなるように叩いていく。それが終わると、次は海苔を漉くのだ。和紙を漉くのと同じように、水の中で簾に乗せた木枠に叩いた海苔を入れて、均等に出来るだけ薄くなるように形を整えていく。この作業は養母の仕事だ。

海苔が、全て海苔簾に付け終わると、庭に養父が作った桟に干していく。専門家と同じ過程を経て海苔は出来上がる。出来た海苔は、街の海苔問屋に持って行き、かなりの収入になったのではないか？　養母の海苔作業は何年か続き養父と私も絶えずその作業の手伝いをした。

ある時、養母が私がよく手伝うから、褒美に何か買ってくれると言う。私に何か買ってくれるなど今までなかったので、私は期待で胸が弾んだ。「何を買ってくれるのだろう」、そして買ってくれたものが、草履袋だった。学校で使うのだが、私はそれを見てがっかりした。草履袋でもよいが、せめて、みんなが持っているようなもう少し可愛いおしゃれなものだったら良かったのに。色もきれいではないし、むしろいらないと言いたいようなものだった。最低の安いものだったろう。これが私への褒美なのか？　これを思い出しても微妙に腹立たしい。

今では、海苔製造はすべて機械化しているようで、半世紀前のアナログな光景はないだろうが、当時の海苔作りを業とする人達の息遣いを感じたことを懐かしく思い出される。

家から海までは歩いて二十分弱の所にあったので、潮が引いた頃、近所の人達とバケツと小さな熊手のようなものを持ってよくアサリを取りに行った。海岸に着くと陸地から木の梯子がかけてあり、そこを下りていくと潮の引いた海に入れた。潮は引いても、所々の窪地に海水が残っていて、小さなカレイが何匹も泳いでいた。やはり小さいが、牡蠣が岩場や、梯子段辺りに吸着していてたくさん取れた。

アサリは何時間か一生懸命掘ると子供でもたくさん取れた。普段私を褒めない養母がそれを見て一度だけ褒めてくれた記憶がある。収益のあるものには機嫌がよいのだ。

この地域のある集落の年配の女性達は副業として取ったアサリの殻をむいて、身を短い木の串に刺して天日干しにし、乾いたものを「干しアサリ」として専門業者に売っていた。家からかなり先の所にある集落の小道は、アサリの殻をむきながら目の前の道にどんどん捨てていくので、大量のアサリの殻の舗装のように厚くなっていた。道の両側にある家々の小母さん達は、開け放した家の入口にヨシズのすだれを掛け、その前に座り、大声で話しながら器用にクルリとアサリの殻を素早くむいていた。今でも、陽気な小母さん達の様子が目に浮かんでくる。日に焼けて、化粧っ気もないその体から滲み出るものが、生きるパワーを感じさせた。アサリの白い殻で埋め尽くされた、歩くとカシャカシャと鳴る小道、十センチ程の串に刺したアサリの身が沢山日に干してある光景、元気溌溂な小母さん達、決して裕福ではないかもしれないが、人の大切なものがそこに何かあるような気がした。海は、その後広く埋め立てられて、そこには広い道路が出来、市街地になり沢山の建物が並んでいて昔の面影は全くなくなっている。

今も串に刺した干しアサリは売っているが、どのように作られているのだろう。

私の記憶の中で怖い道として残っているのは、よくタバコを買ってくるように言われて通った道がある。家から歩いて二十分はかからなかったはずだが、家から公園そばの小道をしばらく歩き、右に曲がると数件大きな家が並んでいた。そこを更に行き、左に曲がると家は少なく、ひっそりとして大きな木々が両側から重なり合う薄暗い小道になる。あそこを通らなければ。進むと、道は更に暗くなっていき、シ～ンとしている。暗い道の右手の奥には、周りを大木や蔓が手入れもされないまま生い茂っている場所があった。そこに何とも得体の知れない沼がある。

沼の上も倒木やら木々が重なり、日中でも日が差し込まず夜のようだ。沼だけ薄く白っぽく思えた。私はその沼を凝視したことは一度もない。うっかり見ると底なし沼に引きずり込まれそうに感じたのだ。それより怖くて見ることが出来なかったのだ。必死でそこを通り過ぎると、間もなく明るい市道に出る。まるでそんな場所などなかったような明るさだ。市道に出て左に曲がるとすぐに味噌、醤油、砂糖、粉類、タバコなど売っている建付けのしっかりした店がある。中年の律儀そうで身だしなみの良い、きっちりと紺色で店名を入れた前掛けをした店主と、優しい微笑みを絶やさない奥さんがいつも店にいた。当時、調味料は、量り売りで、お客は自分で入れ物を持って行き「醤油〇〇匁《もんめ》ください」と言って注文した。注文を受けると店の台秤で計量して持って行った容器に入れてくれる。私はよくその店に、味噌や醤油、粉類等買いに行った。一番多いのはタバコだった。

帰りも沼の前を通らざるを得ないが、沼を絶対見ないように急いで帰った。不思議にあれ程通ったその道で人に会ったことはないのだ。

当時、家の天井裏にたくさんネズミが棲んでいた。頭上で行ったり来たりの音がよくしていた。養父が自分で作った金網の箱の仕掛けの中に一匹のネズミが入っていた。それを養父は以前、自分で作った庭の端にある小池の中に沈めたのだ。暫く経って水から引き上げると、ネズミは未だ生きていたのだろう。それを見た養母が、そこにいた義兄に「武男、踏んでつぶしてしまえ！」と言っているのだ。義兄は下駄を履いていた。部屋の中から見ていた私はその光景がとても恐ろしくそれ以上見ることは出来なかった。養家の日常にある残酷な場面として思い出すといまだにゾッとする。

当時、街では七月の始め頃から七夕飾りを行っていた。大通りの両側にあるアーケードの下にはたくさんの七夕飾りが頭上に連ねて揺れていた。街には人も沢山出ていた。

三年生頃か、ある夏の日の夜、街で行われている夏祭りを見に、いつも遊ぶ佐代子ちゃん親子と養母と私の四人で街まで出かけたことがある。佐代子ちゃんの家族とは父親同士が将棋友達になっていて、義父に「塚本さんを呼んで来い」と言われると私がそれを伝えにいく役目だった。私がそれを言いに行くと。小父さんが間もなく養家にやって来て将棋が始まる。小父さんは畳職人で大柄な体を自転車に乗せ、片手で畳を担ぎ、よく家の前を通っていた。佐代子ちゃんのお兄さんと義兄は同じ年だった。弟もいた。家族構成が似たこともあってか、さほど深くはないが付き合っていたのだろう。

街で、いろいろ見て過ごしての帰り、家まであと十分程の『日暮亭』の角で、佐代子ちゃんと二人で後ろから来る母親を驚かせようということになった。暗いので周りは見えない。その角に二人で隠れていると間もなく母親達が話しながらやって来た。つもり母親達が角を曲がると同時に、私達は飛び出て、「ワアーッ」と驚かせた。と同時に私は養母に思いっきり顔を叩かれた。それを見た佐代子ちゃんのお母さんがびっくりしていた。普段、養家では自分の感情を表してはいけない、喜怒哀楽は見せてはいけないんだ。と自分の中で規制していたが、仲良しの佐代子ちゃんと会った楽しさで、その規制を忘れてしまったのだ。

佐代子ちゃんとはよく一緒に遊んだが、西の空が紅くなって夕方になると、佐代子ちゃんが「お母ちゃんの所に帰りたい」とホームシックのようなことを言い始める。他の子達と遊んでも同じように「お母ちゃん」「お母ちゃん」と言う。私はそう言える人がいない。数時間、母親と離れているだけでも母を恋しくなるのか？　そんな気持ちを理解することは私には到底無理だった。母親に愛されている他の子達を羨ましく思った。せめて養父と養母が入れ替わっていたら良かったのにと時々思った。

中学そして高校

中学校に入ってからは、今までの仲良しの友達とクラスが変わってしまった。

家では相変わらず家業である仕入れた小間物の仕分けを手伝いながらいつもの家事を行っていた。養父が東京の問屋で仕入れた荷物が、数日後に大きな段ボール箱に詰められて何個か届くと玄関はその段ボールでいっぱいになる。それを養父が開けて次々に細工していくのだ。種類はいろいろあったが、長いゴムテープを短く切ってそれを巻いて小袋に詰めて閉じたり、女性が被るビニールのヘアーキャップも小分けして詰めたり、扱った種類は沢山あって今は思い出せない。その作業は養父母、私の三人でやっていた。いつも六畳の居間に山積みになる程沢山の品物があふれていた。仕分けは一日たっぷりかかった。品物の加工が終わると押入れを荷物の収納用として何段も木を渡して棚が作ってあるが、そこに商品を養父がしまい込む。これを養父が地域の状況を見ながら商品としてオートバイに積んでいくのだ。

養父はオートバイさえ直してしまう。仕事の道中で支障がないようにいつも自分で点検していた。隣の家との狭い空地でブウーと大きな音を出してエンジンをかけてオートバイの調子をいつも見ていた。その時は、私もしゃがんで一緒に見ていた。ガソリンのような油の匂いがいつもしていた。近くには道具箱がおいてあり、中にはドライバー、プライヤーその他ほとんどの故障はこれらの工具で直してしまうほどたくさんの工具が入っていた。

養父は仕事で起伏の多い整備されていない田舎道をオートバイに乗り続けているので、よく腰が痛い。と言って部屋で横になっていた。それでも私に腰を揉めと言ったことはない。雨の日は仕事に出られないが、雨でなくても何日も仕事に行かない日が続くと、養母が怒り出す。養父の身体のことを心配するでもなく、座敷箒を振り回して仕事に行けと騒ぎ出すのだ。私はその光景を見る度に絶対養母のような人にはなるまいと思った。養父はそれには相手にせず、どてらを着たままで、居間に横になっていることが多かった。

養母はその頃、親戚でふとん店を営んでいる人から頼まれて、布団の綿入れ作業を行うようになっていた。当時は布団はある程度使うと綿がつぶれてしまうので、綿を打ち直してふっくらさせて、新しく作り直していた。週に一度親戚が来て布団側と綿を何組も置いて行くと養母と私は早速綿入れ作業に取りかかった。六畳の部屋一杯に先ず裏返した布団生地を広げる。

　そこに出来上がった布団の周囲が厚くなるように綿を縦、横と交互に均一になるように乗せていく。何段か綿を敷き詰めたら、綿が中に入るように布団側をひっくり返すのだ。後は、四隅に均等に綿が入るように調整して縫っていない側面を綴じて、所々押さえ縫いをすれば新しい布団が出来上がる。綿入れ作業中は部屋は綿ほこりだらけになる。綿入れが終わると、養母が湿らせて細かくちぎった新聞紙を部屋中に撒いて、箒で掃き出せば、部屋はきれいになった。作業の終わる頃は夕方なので私はその後、夕食の支度をする。この布団作りの時は何故か私にとっては平和な時間が流れた。養母の険しい顔が少し緩んでいるような気がしたのだ。

　中学校は山のそばの小高い丘の上に立っていた。中学校になると各教科は専門の先生になった。基本は五教科あったと思う。新しく学ぶようになったのは英語だった。私は、理数系は苦手で国語、社会が好きだった。国語の先生は授業中にも、黒板狭しという程、体を使って身振り手振りを交えて時には講談師のようにいろいろな本の話をしてくれた。この授業が一番好きだった。社会科の先生は、淡々と授業を進めるのだけれど、合間合間に今で言うおやじギャグを加えて楽しく授業をしてくれるのだ。

　理科はクラス担任の先生が教えた。三年間通して同じクラス担任だった、この先生に私は嫌われていたと思う。クラスの中で順番に当番があって、朝と帰りに「気を付け、礼」の掛け声をかけたり、他にも当番の用事があったろう。ある日私が当番だったので周りが皆そろってから「気を付け、礼」と声を掛けようと思い、皆椅子から立ち上がったか周りを見回した。そして私の掛け声が終わると、担任は「この中にキョロキョロして落ち着かない者がいる」と私の態度が、とても悪いと言って私を睨んだ。私はそんなつもりではないのにそう見えたらしい。この先生は普段から苦虫を嚙み潰したような表情をしている。私は理科が得意でないので、テストの成績も良くないのだ。この先生は普段から生徒を公平に扱わないのを感じていたので先生に親密感を感じたことは一度もない。

この先生の記憶でやはり悲しかったことがある。学期末頃、クラスの生徒全員に生徒名、保護者名、続柄、住所を記入する家族調査票を渡された。家で書いてもらってくるのだ。それをもとにクラス全員の一覧表を作り、皆に配るのだ。それも、私が、いちばん提出が遅くなってしまった。『養父養女』という続柄をみんなに知られたくなかったので出しそびれていた。私が遅く出したことをその先生は又してもみんなの前で咎めるのだ。しかもわざわざみんなの前で『養父養女』という言葉を口にして。

自分のこの境遇に劣等感を持って生きている私を理解してほしいとは思っていな

かったが、そこまでして私を辱めたいのか。何故。私にはこんなひどい先生がいたなあという記憶とともに心に刺さった針の一つだ。

今は個人情報保護法があるので私のような思いをすることはないだろう。

新しく始まった英語は三年間で二人の先生に教わった。一年生ではスマートな男の先生、いつも背広をおしゃれに着ていた。声も良かった。やはり英語を教えるから素敵なんだ。勝手に一人でそう思っていた。三年生では女の先生に教わった。四十歳くらいで独身のぽっちゃりした先生で可愛く感じた。私の隣の席の女の子は、頭は良いが、先生を冷やかしたりするのが得意な子がいた。この女の先生を何かにつけて悪ふざけの対象にしていた。英語のテストの結果が各自に配られる前にテスト用紙を隠してしまったり、何かにつけて先生を困らせていた。私も彼女の片棒を担いだりしたこともある。卒業する前にその先生の家に何人かで行ったことがある。私達は、学校からかなりの時間を歩いて、山の上にある先生の家に行った。ふもとからは想像が出来ない程山の上は広々としていて、とても見晴らしが良い。街の遠くの方まで見渡せた。先生の家の周りは大きな木で囲われていて周囲は畑が広がっていた。私達は家に上がらせてもらい、お菓子を御馳走になった。古くて立派なその家に、先生はお母さんと暮らしていた。学校にいる時には何かと生徒に困らせられていた先生が、そんなことは気にかけていない様子が先生のふくよかな体形とともに思いだされる。とても懐かしい先生だ。

当時、ドッジボールが学校で盛んだった。運動神経が悪い私はいつも逃げる側だったので当てられると痛いという恐怖感でその時間は楽しくなかった。当時、大会もあったが、選手はいつも同じ人だった。今思っても思いきり人にボールをぶつけて勝敗を競うことがスポーツと言えるのかと疑問に思うのだ。

学校の近くの家に住んでいる子が何人かいて放課後その子達と遊んだ。その子達の家は山が近く、秋には家々の周りに熟した柿が黄色やオレンジの鮮やかな色でたわわになっている。その近くで遊んでいると、誰かが背の高さ位にある柿をいくつか、もいできて「ハイ」とそれをくれるのだ。私達はもらったその場で柿をかじった。とっても甘い。どうやら、それはよその家の柿だったようだ。あの時の、何人かで食べた柿の味は、チョッピリの罪の意識が美味しさを更に深めたかもしれない。屈託なく一緒に遊んだ友達が懐かしい。

当時、市内に大きな材木問屋があり、お風呂を沸かす時に使う廃材を好きなだけもらえる、ということを養父が聞きつけてどこからかリヤカーを借りてきた。私に「一緒に行って手伝え」と言う。廃材をくれる場所に行くまでには三十分程あり、中学校の前の道を通るのだ。私は、養父が運転するオートバイの後ろにつけられたリヤカーに乗って目的地の材木店に行き、二人で廃材をリヤカーに目いっぱい積み込み帰路に向かう。私はリヤカーから振り落とされないようにしながらも中学校近くの道を通る時、クラスの誰かに会いませんようにようにと願った。中学三年ともなれば、羞恥心というものも芽生えてきて、廃材と一緒にリヤカーに乗った私の姿を見られたくなかった。何度かその材木店に通って、その都度、私はヒヤヒヤした。

三年生になると高校受験の勉強をしないといけない。家人に行けと言われた高校に向けて勉強しないといけないのだ。だからと言って家での雑用が減ることはない。商売用の荷物の細工の手伝い、布団作り、食材の買い物、ご飯の支度、片付け、学校から帰っても途切れることなくやらなければいけないことは次々あった。やっと勉強出来るのは、みんなが寝静まった時間になってしまう。私に与えられた部屋は玄関脇に義父が手作りした二畳程の小部屋だ。冬は小さな窓から風がスースー入ってきて寒かった。暖房器具一つない冬の部屋は、まさに「蛍のひか～り窓の雪～」という感じの部屋でかじかみそうになる手で眠い目をこすって勉強した。

だいぶ前、五歳上の義兄の受験時は居間のこたつを占領してやっていた。養父母は息子の勉強し易いようにそれは気を使っていた。ある時、義兄が炬燵で勉強していて養父、私も炬燵に入っていた。その時、「吐く息がうるさい！　勉強に集中出来ない」と義兄が養父に向かって言うのだ。私は驚いた。父親に対して何ということを言うのだろう。それに対して養父が怒った様子もなかったのも不思議だったが、私が実の妹だったら、黙っていられないはずだ。そのようなことを言う兄に絶対抗議していただろう。

中学三年生になった時、ご主人が教頭先生をしていた隣家が別の地域の校長先生になり、引っ越すことになった。そして私に高校の制服を渡していった。それは隣家の次女が私より一年年上で、私の目指す高校に入学が決まっていたのだ。すでに制服を作ってあったが、親の異動先が遠かったためその制服の高校には通えなかったのだ。

本人は一度も手を通すことがなかった新品の制服だ。私に「同じ高校に入ってこの制服を着てね」と言って置いていった。それは、今まで私が見たことも、着たこともない良質の生地で作ってありサイズもピッタリだった。夏服まで作ってあった。

高校

私は偶然もらったその制服を着て三年間、高校に通った。高校は、中学校より近く家から歩いて三十分程の所にあった。入学すると、高校はとても自由な雰囲気を感じた。

電車通学をして遠方から通う生徒達を見ると、何故か自分が大人になったような気がした。学校は、男子が多く、女子は少なかった。教科毎に先生方が変わり、仲良くなった何人かで特徴のある先生にあだ名を付けたりした。カマキリ、菊の花、先生には失礼なことをしたが、私達は楽しんでいた。一学年のクラス担任は世界史の先生だった。先生は何も見ずにローマ史に出てくる英雄の名前を次々と挙げて授業を進めていたのが記憶にあったが、授業の内容はあまり記憶していないのは残念だ。今は、世界史には興味があるので、その頃の内容を覚えていたらと勿体なく思う。入学して間もない頃、実力テストがあった。その時の結果は私にしては最初で最後の成績だった。四百人中三十二番、当時はその結果が順位と共に名前まで掲載されてプリントが廊下に貼り出してあった。普段成績の良い人にとっては大したことではないだろうが、私の中ではチョッピリ自分を誇らしく思えた結果だった。クラスの中ではふとした時に男子と目が合ったりするとドキッとしたことも懐かしい。

クラスの女子は真面目な人ばかりでみんな気が合った。休み時間になるといろいろな話をして楽しく過ごした。人は何故生きるか？　といったような話題でも盛り上がったはずだ。

一学期を過ぎる頃にはとても気の合う友達が数人出来た。ある時、何人かで家族の話をしている時に、一人の友人が、私のことを「道理で、暗い感じがしたわ」と言った。そう言われて私は何故か嬉しく感じたものだ。自分の立場を自ら言った記憶もないが、何かの書類からわかったのか定かでない。親しくなった級友に信頼感を覚えていたので、言われた言葉は今までの私をわかってくれたように感じて私の寂しさを埋めてくれる慈雨のように心を潤してくれた。それからは、私は鬱屈していた気持ちが徐々に晴れてきて学校が楽しくなってきた。

いつも声をかけてくれる豊子さんとは特に親しくなり、ある時、私の家に来たいと言った。断ることも出来ないので学校が終わってから豊子さんを家に連れてきた。その時何を話したか忘れたが、後で豊子さんが「貴女の家のお母さんはお兄さんのサーバントだね」と言った。家族が揃っている時に連れて行ったのだろう。初めて来た友達がそのように感じたことにはびっくりだ。後日養父が私達の話を聞いていたのか、話題が大人じみていると言ってそんな話はするものじゃない、と言った。多分豊子さんが将来どうする？　という内容について結婚したらとか子供を持ったらなどたわいもない話をしていただけなのに、そう言われたこともびっくりだった。

別の日に豊子さんが自分の家に遊びにおいでと言ってくれた。家人の了解を得て、学校のお休みの日に私は電車とバスを乗り継いで豊子さんの家に行った。バス停を降りると豊子さんが待っていてくれた。バスが通る県道の片側には小高い山があり、そこの中学校に豊子さんは通っていたと言う。山裾には広々とした田園地帯がありそこには広い敷地の中に何軒も家が建っていた。その一軒の家に着くと私を家族に紹介してくれた。豊子さんの家は勤め人のお父さんとにこやかなお母さん、豊子さんを含めて男二人、女二人兄弟の六人家族なのだ。彼女の部屋で写真を見せてくれながら家族の説明をしてくれた。お昼ご飯が出来たと声がかかり、私は豊子さんの家族と一緒にお昼を御馳走になった。小母さんは卵の黄色が鮮やかな親子丼を作ってくれた。他にも自宅で採れたという野菜を使ってどれも美味しい料理が並んだ。豊子さん一家の食卓は賑やかで初めて行った私はその居心地の良さにすっかり打ち解けてしまった。家族で何でも言い合えるとても楽しい家族団らんを見ていると私の気持ちまでしっとりと和んでいった。食事の後、豊子さんは高台にある中学校に連れて行ってくれたり、周辺の緑の林の中を歩いたりした。その時も豊子さんは家族について昔の話や今の話をたくさん語ってくれた。彼女の口元に少し傷跡があるが、それはお母さんのお腹にいた時にお母さんが誤って自転車から転倒してしまい、近くにあった竹の先にお腹を刺してしまったとのこと。それが豊子さんの傷跡となって残っているということまで聞かせてくれた。ただ、その傷のことを彼女が気にしているようには全く感じなかった。楽しい時間を過ごしていて遅い時間になってしまった。夕飯もご馳走になり豊子さんが是非泊まっていけと言ってくれる。その頃には養家にも電話があったので、豊子さん宅に泊まることを伝えた。すると兄が電話口に出て絶対に戻ってこいと言うのだ。兄の言うことに逆らえるわけもなく、私はしぶしぶ家に戻って行った。その後も豊子さんは何かと私に声をかけてくれ、彼女の存在は私をいつも癒してくれていた。

豊子さんはクラスの中でも明朗闊達な存在で授業中疑問があると「質問」「質問」と言って手を挙げて先生に納得いくまで聞いていた。その授業中の態度がだんだん彼女の変わった個性のようにクラスに浸透していった。

二年生になり、クラス替えがあって豊子さんと別のクラスになった。教室の場所が遠かったこともあり、豊子さんと会うことが少なくなっていった。

今になって思うのだが、いつも私に声をかけてくれ、私の気持ちを理解してくれていた豊子さんと何故その友情をもっと育まなかったのか、それは私の狭い心根のせいだったと思う。彼女が授業中の態度も含めだんだん特異な存在になっていったことで私は距離を置いてしまったのだ。卒業するまでその状況が続いた。

私が勤め始めた頃、偶然ある駅で彼女に会った。何年かぶりに私達は近況を話して旧交を温めた。豊子さんは少し太ったくらいで以前と変わらず快活そうに見えた。それから暫く経った頃、人づてに彼女が心が病んでいると聞いた。あんな快活な豊子さんが……。その後、私は彼女に年賀状を出した。何日か経ってお父さんから返信が来た。「ご芳情有難うございます。豊子は……」亡くなったという知らせだった。

今思ってもどうしようもないことだが、高校に入ってから、狭い私の心を徐々に広げていってくれ、私の心に寄り添ってくれていた、まるでひまわりのように上を向いていて小さなことに拘らないおおらかな彼女が悩んだ時に、どうして私は何もしなかったんだろう。会って話を聞くことは出来ただろうに。豊子さんが私にしてくれたことを何故しなかったのか。卑怯な自分を責めると共に、豊子さんには感謝してもしきれない。

学校では文化祭、体育祭などの行事があった。文化祭で飲み物を出す今で言うカフェが設置された。テーブルと椅子を数脚並べた小規模なものであったが、私は学生服の上に白いエプロンを掛けて待っていると、三々五々男子がやって来た。授業中と違って皆楽しそうにしている。

飲み物の種類も少なかっただろうし、食べ物はなかったと思うが、授業ではわからないその時の自由で楽しい記憶も貴重な一片だ。体育祭は、運動の苦手な私でも古代の大和時代と思える仮装行列をしたり、男子も一緒に行うフォークダンスに参加した。運動能力を競う種目は得意な人が参加したのか、私は参加しなかった。

二年生の夏休みに福島県に一週間、行けることになった。私が四歳頃、預かってもらった夫婦の元だ。小母さんは養母の姉に当たる人だったが、姉妹でも正確が正反対と思える程違っていた。小母さんは子供の頃生活が貧しかったため、よその家の子守をしたりいろいろ苦労したようだ。それゆえかとても思いやりがあり、優しい人だった。あの養母と同じ血が流れていると思えない程だった。小父さん夫婦は年に一度、福島県から、養家にやって来て数日泊まっていった。養父母はそれぞれ兄弟が多く、年に数回親戚がやって来たが、その中でも一番親しくしていたようだ。小父夫婦は来る度に義兄の学費の足しにして、と言っては兄への援助金を養父母に渡していた。小父さん夫婦が逗留している間は養母は機嫌が良く私に当たることが少なかった。小父さん夫婦も私に声をかけてくれたり私もその夫婦の滞在中は緊張が少なくなる時であった。

一人で旅行するというあり得ない好機に恵まれて私は東北本線に乗った。何故そうなったのかきっかけはわからないが、あの懐かしい場所に行けるのだ。当時は新幹線はなく、鈍行の蒸気機関車で上野から白河まで六、七時間はかかったと思う。車窓の景色を追って列車に揺られて行くと『次は白河〜』と聞こえてきた。列車が左に蛇行しながら走ると、右手前方に徐々に白河の市街地が見えてくる。広い庭園のような中に樹木に囲われて見える先にはお城が静かに佇む姿が目に入ってきた。白壁の美しさが際立っていた。その光景は私に微笑みを向けてくれているように思えた。駅を降りてバスで五十分程の所に小父さんの家はあった。大、小の農家や商店が何軒かある大きな集落の中だ。小父さんは出稼ぎに出ていて暫く留守をしていた。小母さんと二人で一週間そこで過ごした。小父さんの家は昔話に出てくる家そのものだった。何軒か並んだ家は藁ぶきの屋根、土壁で作られている。家の前には幅五十センチ程の小川があり遠くの山から絶えずきれいな水が流れている。家に入ると土間がある。そこで食事の支度をしたり、お風呂にも入るのだ。部屋には囲炉裏が切ってある。天井から吊された自在鉤にやかんがぶら下がっていた。

朝になると小母さんは畑の手伝いで留守にするが、近所の人が、朝取れた茄子、きゅうりなどの野菜を家の前に置いて行ってくれるのだ。お互いそういうことをし合っていくのがこの地域の風習のようだ。私は何の不安もなく、小母さんが戻る頃にはいただいた野菜で夕ご飯を作って待っていた。

食器や鍋釜は前の小川で腰をかがめていつも洗う。沢山の水がいつも流れているのでとてもきれいになった。近くに私と同い年の安子ちゃんがいると勧められて行ってみた。安子ちゃんは家の隣にある蔵を自分の部屋として使っていた。私が行くと家の人がトマトに砂糖をかけたものを蔵に運んできてくれた。弟が部屋にやって来たりした。安子ちゃんは優しくて穏やかな人で隣町の女学校に通っていたようだ。

蔵の中で安子ちゃんと過ごした思い出は今でも懐かしく、時折、安子ちゃんは今どうしているかしら？　と思い出される。

その集落で家がお店をしている節子ちゃんと仲良しになった。彼女は小学四年生くらいか、何人かの子供達と一緒に遊んでいて私がローマ字を教えたらしい。私が年上ということもあってとても私になついた。その節子ちゃんがローマ字がきっかけになって勉強をよくする子になったと後で聞いた。私は嬉しかった。節子ちゃんが中学生の頃、養家にも来てくれた。それから十数年経った時、小父さんの葬儀があり、帰りに節子ちゃんに会いに行った。私を迎えてくれたのは美しく成長して着物を着てきれいに微笑んでいる節子ちゃんの遺影だった。あの時一緒に遊んだ節子ちゃんが今でも懐かしい。

小母さんの家にいた時間は私に沢山の栄養素を運んでくれた。綺麗な空気、遠くの山々、さらさらと流れるきれいな川、点在する家々の開放感、会う人皆温かく、親しみを持ってくれる、まるでずっと一緒に過ごした人のようだ。この時間は私の貴重なオアシスの記憶だ。

一週間後、家に戻った。家の外の風景も何もかもが、なんて埃っぽいんだろう。福島で自然豊かで爽やかな場所と人の優しさがすっかり染み込んだ私はそう感じた。ここには、私の心を潤してくれるものは何もない。それでもそこで生きていくしかないのだ。気持ちを切り替えなければ。

戻った私は早速、家の細々とした雑用を黙々とこなした。

当時、既に養家ではテレビが買ってあり、ウォルト・ディズニーのアニメ、オープニングにウォルト・ディズニーが出てナレーションしていた記憶がある。怖くて見ているとドキドキした『ヒッチコック劇場』、『兼高かおる世界の旅』を家族でみた。そういう時は私も家族の一員になれたような気がしたものだ。

高校のクラスの別の友達が家に来るように言ってくれた。何人かでお邪魔した。普段は静かな文学少女に見えるが、彼女の部屋で兄弟の話、両親の話をしてくれる彼女は生き生きしていた。話を聞いていると、お父さんが子供達の教育のために自分の夢を諦めて家業に勤しんでいることや、お母さんが彼女のためにいろいろなアドバイスをしてくれていることを話してくれた。暫く経つと、お母さんが一人ずつに出前のお寿司を取って部屋まで運んでくれた。そのことは私にとって驚きだった。子供の友達にお寿司まで取ってくれる。いかに彼女が大切にされているのかを感じたものだ。

学校での授業はだんだん難しくなり、私はついていくのがやっとになってしまった。特に理数系は苦手だった。化学はまだ理解出来たが、物理の授業内容は私には全く意味不明だった。

数学の授業の時、私は指されて前の黒板に答えを書くように言われた。答えが出ていない私に後ろの席の優子さんがノートを貸してくれた。そのノートを黒板に丸写しにして一難去った記憶がある。優子さんは今でも私の大切な友人だ。

二年生になる前に進学するか、就職するかでクラス分けがあった。驚いたことに、養父は私に大学進学を許してくれたのだ。それは後年、実母と会った時の話で福島の疎開先に実母が私を探してやっと養家にたどり着いた時、外に出てきた養父が実母に私が将来望むのであれば大学も行かせると言ってくれたという。その約束を守ってくれていたのだ。そのことには感謝しなければならない。

大学受験は三月の雪の積もった日だった。男子二人と私三人で受験した。五教科中、私は数学五問に一問も答えられなかった。結果不合格。

高校の卒業式の日に何人かで初めて喫茶店に行った。当時、喫茶店は何店かあったのだろう。当時の喫茶店は私達真面目な高校生には、禁断の場所として遠いイメージだった。今の高校生には面食らう程の時代感と思うが、高校を卒業して初めて許される場所のようなものだった。

皆でオドオドと、しかし大人の世界を垣間見るようような気分で二階にあったその部屋に行った。何を飲んだか何を話したか、音楽も流れていただろう、ただその店内に醸し出される怪しいような別の世界にいて大人になる窓の一端を垣間見たような記憶も懐かしい。

高校を卒業した私は公務員として勤め始めた。家から汽車で一時間かかる職場だ。今、思うとあれ程家から離れたがっていて、それが出来る唯一のチャンスをとらえなかったことが我ながら不思議だ。家から通えない場所に就職すれば良かったのに。高校に入ってからは徐々に自分の思いもとらえられるようになってきたが、養家での長い間の女中根性は抜けなかったのだ。無意識のうちに他の場所に行くことは許されないのだという養家への帰属意識が染み付いてしまっていたのだ。

そのチャンスを捉えられないまま私は家から三十分歩き、最寄駅から汽車に乗って職場と家を往復した。当時は最寄駅から職場までの約一時間蒸気機関車に揺られて行った。朝六時半頃の汽車に乗ると車内にはいつも背負い籠に海産物を沢山入れて東京方面に売りに行くという、手ぬぐいを頭にかぶり紺の前掛けを着けた小母さん達が遠方から既に何人か乗っていた。朝五時台の列車に乗らなければ間に合わないはずだ。だが小母さん達は疲れた様子もなく大概が大柄な体格をドッシリと座席に凭せていた。

向こうの席には鍵棒を持って白いレース編みをしている若い女性、車内でレース編みをしている光景は他でも時折見たものだ。今では考えられない光景だ。朝早いせいかさほど混んでいない車内の雰囲気は穏やかで、まるで一家族のように感じられた懐かしい光景として今も残っている。

職場に着くと他の人達が来る前に、全員の机拭き、お茶入れから始まった。お昼には上司が昼食に館内のレストランに連れていってくれ、そこでご馳走になったハンバーグステーキは器といい、料理の美味しさに感動させられたものだ。

家と職場の往復、もらった給料は全部養母に渡さなければならない。それから五百円だけ私の小遣いとして渡される。一か月これでやりくりするのだ。当時の給料は一万数千円程だったたと思う。私はその中で、生地を買い、洋服を作って職場に着て行った。当時は既製服は高く、生地を売る店が市内にあったので、そこで安い生地を買って自分で作ったのだ。職場の旅行がある前日、私は、夏のワンピースを夜通し作り、翌日の旅行に着て行ったが、一睡もしなかったため、当日は眠気のあまり、あまり記憶がなかった。それでも、欲しいものをねだることなど考えられなかった生活の中で、たとえ、安価な物でも自分の力で欲しいものが手に入る嬉しさを感じたものだ。

土曜日の終業後、初めて一人で外国映画『南太平洋』を見に行った。外国の美しい海を背景に物語が展開するのだが、その綺麗な映像、音楽にすっかり引き入れられてしまった。初めて、一人で東京に行き地下鉄に乗った時は毛皮を着た夫人を見ては感動し、パーラーで食べたマロンクリームケーキの美味しさに感動したものだ。

就職した年の夏に高校の親しい友人三人と二時間程電車に乗って海のある保養所に行った。職場の保養所を利用したのだ。高校を卒業して半年足らずだが、友人二人はそれぞれ大きな変化があったようだ。一人は希望の都内の大学に入り、男子との交友や家を離れての暮らし、彼女は高校時代家に呼んでくれてお寿司を御馳走になった友人だ。もう一人は英語を学ぶためにイギリスに半年間行ってきたのだ。彼女が渡航する時、私は彼女の家族と羽田空港迄見送りに行った。当時は空港は羽田のみであった。今では外国人と会うのは当たり前だが、空港で目にした外国人の美しいパープルの髪、グリーンの瞳、まるで映画のシーンのように思い出される。その友人二人と浅瀬で泳いだり、大学生は今交際している男子学生との際どい話まで披露してくれた。

それぞれの話をして楽しく一泊して家に戻った。家に戻ると今までの楽しさが私の身体から滲み出ていたのか、養母の普段以上に不快な顔つきが目に入った。私が楽しく過ごすことが気に入らないのだ。いつもに増して私は養母の機嫌を損ねないように立ち働いた。

就職して一年経った頃、私はある男性と知り合った。とても人当たりが良く、狭い世界しか知らない私には、いろいろな話をしてくれ、私のことをわかってくれると思えた人に出会えたことで、養家での暗い方向の見えぬトンネルにいた私の前に一筋の光が差し始めたのだ。

「神様は私のことを見ていてくれた。人知れず我慢したり、頑張って努力していたことを、わかってくれていたんだ。私にご褒美をくれたのだ」そう信じて疑わなかった。が、間もなく、その男性が妻帯者だったことがわかり、敢えなく私の希望の光は消え失せた。

その男性を養父母に会わせたが結果が良くなかったことで、養父母の特に養母の私への風当たりは以前にも増してますます厳しくなった。私が少しでも帰宅時間が遅いと納得いくまで確認する。お金の使い道も然りだ。犯罪者のような扱いをされる毎日に私はこれ以上この家では耐えられないと思い始めた。自分で暮らそう！　養母に渡すお金を自分に使っても良いのだ！

私は密かに家から一時間以上離れた、職場に近い場所にアパートを借りた。私は黙って家を出た。話したらどんな目にあうか、それより別暮らしなど認められるはずもないあり得ない話だ。

家を出て、一人暮らしを始めた私は、解放感で空さえも飛べるような気分だった。転居先の駅から、アパートまでの間にある総菜屋に寄って夕食のおかずを買い、歩きながらこんなにも自由でのびのびした気持ちが味わえる喜びに浸りきった。帰りの道に咲いている花が何とやさしく感じたことか。部屋には職場の友人もやって来たりした。

しかし、やっと私を押さえつけるものから解放された気持ちで過ごせたのもそう長くは続かなかった。そのアパートで一か月程過ごしたある日、職場の人事を扱う係から呼び出しがあったのだ。

養父母から職場に手紙が届いていた。その内容を見て私は驚愕した。私の職場のある男性が私を誘い出して私に家を出させたように書いてあるのだ。その人はアパートを借りる時に保証人になってくれた同じ職場の男性だったのだ。大学院を出て私より少し後に同じ職場に入った人だが、年が上のこともあり職場でも優しく接してくれていて、私の事情を理解したうえで私の保証人となってくれた人だ。しかも、養父母はその男性の家にまで押しかけ、ありもしない話をさんざんでっち上げ詰め寄ったようである。その男性は結婚したばかりで、その時は家にはお母さんと奥様が在宅していて対応してくれたようだが、さぞかし面食らった思いをさせたことだろう。

そのような養父母の行為に対して私は許しがたく、養家に行き、抗議した。が、今までどのような不満不条理感を覚えても、二十年余り一度たりとも反抗したことがなかった私のその態度に、養父母は逆に私を許せないと、監獄での取り調べさながらに、私に対し、叩く蹴るの暴力だ。私は泣き泣き養家を後にした。

その手紙が投函されたことで、事の真偽は兎も角、その男性と私は一か月後、それぞれ別の職場に異動になったのだ。所謂、左遷だ。そういう一連の出来事に対して、その男性は一度も私を責めなかった。未だに前途ある人の未来に、私が望みもしない汚点を与えてしまったことに申し訳ない気持ちで一杯になるのだ。

結局、私の異動先の職場は養家の近くになったことで、私は、養家での暮らしに戻らざるを得ない状況に陥った。養家でのその後の暮らしは益々、針の筵であった。

職場が近いので自転車で通勤した。帰りには途中の八百屋、肉屋に寄って、夕食のおかずを買って戻った。益々、私の行動は厳しくチェックされ、少しでも帰宅が遅れると、養父がオートバイで職場にまでやって来て私の退出時間を確認するという有様だ。翌日、私が職場に行くと、職場の人が「夕べお父さんがやって来たよ、あまり親を心配させない方がいいよ」まるで私が我儘な親不孝者と思われているようだ。義兄は勤め先が家から遠く会社の寮に入っていた。ロボットのように週一、必ず帰宅して一泊して戻るのだ。戻る前に私は必ず義兄のズボンにアイロンをかけ、靴をピカピカにして送り出した。

一年後、高校時代の友人が東京の大学を卒えて、地元に戻ってきた。家業の事務所に勤めていた。その友人と会うことは養家で反対することはなかったので、休みの日に彼女と会えると、私はやっと人間らしい時間を持てるようになった。その友人は、とても心が広く、何にでも柔軟に対応出来る人で、沢山の友人から信頼を寄せられている人だ。私は当時の若者らしい感性でやっと楽しく話が出来る時間を楽しむことが出来た。当時は町にも個性ある喫茶店が何件もあり、いろいろな所に行ったものだ。友人は大学で喫煙の習慣があり、私も真似をしたくなり、一緒にスパーと煙を吐いたりしていた。もちろん、家に戻るとわからないようにしていたが。友人とは、その頃流行っていた「いちご白書」「エルビス・プレスリー」の映画を一緒に見ては感動したり楽しく過ごした。その友人はその理性と人柄でたくさん親しい友人はいるはずだが、私のことも理解してくれている私の人生になくてはならぬ大切な親友だ。

結婚

異動した先で今の夫に出会った。他の男性は、何かと優しい言葉をかけてくれたり、誘ったりしてくれる中で、決して優しい言葉も態度もなかった人だ。ただ、職場の近くに官舎があり、時折、そこに住む職員家族の三歳程の子供が遊びに来ると、抱っこしたりと、優しい面を見せていた。意外にこの人は優しいのかも、そうも思った。ある時、その人が私と同じ境遇に育ったことを聞いた。『この人も寂しかったんだ』そう思った。

数年して私達は結婚した。結婚時、相変わらず我々の結婚には養母の大反対があった。私が幸せを掴むことが不快なのか、相手が気に入らないのか、相手の家が裕福でないことも原因の一つだったようだ。私を金持ちと結婚させ、そこからのおこぼれでもせしめようというのか……。

式の前には家を出ていた私に結婚式の当日までも、私にやさしい言葉をかけるでもなく笑顔一つない不快感のある態度で場所柄もわきまえず文句を言っていた。

ただ、その日は義兄が式を盛り立てようと、夫側の兄と肩を組んで歌を歌ったりしてくれた記憶がある。私が今まで初めて感じた義兄の優しさだった。結婚に至るまでは、親友が何かにつけ私の急場を助けてくれた。

私達は、養家からは電車で一時間程離れた場所の古いアパートを借りた。当時流行っていた「神田川」の歌さながらに六畳一間、風呂無し、共同トイレの部屋に住んだ。近くに銭湯があり、いつもそこで温まった。私にとっては、晴れてタコ部屋暮らしから解放されたその狭い空間が、どんなにか自由で伸び伸びとした天国にも思えたスタートの場所であったことか。『あのタコ部屋から出られた。もう私をいじめられないだろう』

そのアパートには二年間住んだ。

実父母との出会い

結婚した当時の職場に東京二十三区の電話帳が置いてあった。他に人がいなく、ふとあることを思いついた私は一冊の電話帳をめくってみた。『東京都練馬区……町・米沢次郎』小学校時代、家人が留守の時に見た実父からの手紙にあった住所と名前が載っていたのだ。私はそこにあったダイヤルを回した。数回呼び出し音が鳴った後、「……会社です」という男性の声、私が「社長さんいらっしゃいますか?」と問うと、相手は少し、沈黙した。私は何かを感じ取って「久美子です」と名乗った。

「あぁ、久美子さん……貴女のお母さんはね、素封家のお嬢さんでね……」といきなり私に話し出したのだ。私に母親がいた……。養家では養母からの日々の軋轢にやっと耐えて生きることで精一杯だった私には、実母を発想する余裕など寸分もなかった。中学生時代、養父からは実母は男に騙されて自殺したとも聞かされていた。兎に角私に実母という存在があったのだ。が、そう言われても私はピンとこなかった。その父との電話があって、数日後、実父が私の住む町にやってきた。駅ビルの中にある喫茶店に行くと、奥の席に座っていた父が、椅子から立ち上がって深々と私にお辞儀をした。当時の話になって「お母さんはとても綺麗でしたよ」と言った。母と別れて大分経った頃、仕事で遠出の電車に乗った時、母と思える人が乗車していたので思い切って声をかけたそうだ。母らしき人は姑さんと一緒だったためか、違いますと答えたと言う。後になれば全く別人だったことがわかるが、実父なりにその後の母を思案していたのだろう。東京に来てからは幾つかの仕事を起業したようだが詳しいことはわからない。

私にとっては初対面のようなものであったし、諸悪の根源のような人物であったが、私はその実父にとても親近感を覚えたものだ。

その後、母親も父と前後して私に会いにやって来た。勤務中、私に電話が入り、「もしもし」と出ると女性の声で「私のこと、わかりますか？」と言う。私はピンと来て「お母さん？」と問い直した。私の職場の近くのレストランに来ているという。上司に断ってその店に向かった。その店は未だお昼には早く、人は母だけだった。入ったところに桜の絵が掛けてあったのが記憶に残った。初めて会う母だが、懐かしさとか、嬉しさというものは感じなかった。母はいろいろな話を私にしたのだろう。やはり当時の母の話した内容はあまり記憶にないのだ。二時間程話をした後、私は母を駅まで送ってお土産を買って持たせ、職場に戻った。

その後、父の東京の住まいに一度行き、埼玉県にある母の住まいに行ったりした。母から私に三歳下の妹がいることも知らされた。母宅に初めていった時、東京に住んでいるという妹が帰ってきた。当時としては珍しく髪を金髪にして、私に対して親しみを寄せる様子もなかった。私も妹の存在を知らされても、他人行儀の関わりしか出来なかった。その時、母が言うには「恭子は着る、被る、自分を飾ること以外には興味がないのよ」そんなことを言った。東京に出て自由に暮らしているようだ。実父は私に会ったことがとても嬉しかったこと、父の友人にもその話をして喜んでもらえたことなど私との再会をことのほか喜んでいる様子が伝わってきた。

父、母の話から推測するに主に母から聞いたところによるが、福島県白河市にある会社に父が課長として在職した職場に母が勤め始め、妻帯者である父が、母に目をつけ、何かと母に声をかけ、出張と称して、母を同行させることがあった。そういうなかで、私が生まれたということだ。私を産んだことによって、母の実家からは何ら助けが得られなかったようだ。母の実家では母が小さい頃、母の母、実兄が亡くなって、その後、後妻を迎えており、母の異母兄弟がいたこともあった。一番の理由は母が婚姻せずして子供を産んだことで、その地区では一応名が知れた家の恥になるという認識のようだった。

その後、妹が生まれた頃には父、母の関係は破綻していたようだ。その事実から父は会社を辞めることになり、東京に越したのだろう。母は実家の助けもなく、父からの援助もない状態になってしまったようだ。その間、どういう事情で私が養家に引き取られることになったのか今では知る人もいない。母は妹を抱えて何とか頑張って生きてきたようだ。出会った頃、母が言っていたことは「戦争さえなければ」そう言っていた。戦争がなければ勤めることもなかったし、お嬢様でいて、しっかりとした男性と結婚をしていただろう。仮に母が勤めていても父も独身であったなら母と結婚して私も妹も一緒に大切に育てられたに違いない。そのような儚い過去を空想してみることが私には未だにあるのだ。

家族

私達夫婦は、二年間住んだ六畳一間から一戸建ての借家に移り住んだ。三間有り住むには良いところだった。夫は仕事が終わると仲間で麻雀に興じることが多く、帰宅が遅いことも度々だったが、当時の私はさほど不平を感じることもなかった。夏、冬のボーナスが出ると夫々の家に行き何某かのお金を渡した。そういうことが功を奏したのか結婚して二年経った頃、養母が親戚の布団店から夏掛けを二組送ってくれた。夫の養父母は結婚当初からよく来たが、私の養父養母もそれぞれ一度だけ私達の部屋にやって来た。

結婚して数年後、私は長男を産んだ。「玉のような赤ちゃん！」知り合いの助産婦さんがそう言ってくれたことはとても嬉しかった。長男が生まれた時にやって来た養母の赤子を見る眼差しが今までに見たこともないようにやさしく感じたものだ。

初めてわが子を持った私は、肉親を得た嬉しさが何にも代えがたいものだと強く思った。

その中で、数年前に何回か会った実母に対して急に違和感が生じてきたのだ。むしろ憎しみと言ってもよい。自分が産んだこれ程に可愛いわが子を手放して、父の不手際ばかり言い募っていた母、私が養家でどのように生きてきたのか気にすることもない母、私の中で実母への不信感がだんだんと膨らんできた。実母は何度か私の家に来たが、親子の情を感じることもないままだった。その後実母への音信も途絶えがちになっていった。その後、妹から実母が亡くなったとの知らせが入った。六十三歳だった。

長男が生まれて一年程経った頃、養父母から「隣家が空いたので越してこないか？」と電話があった。風当たりが多少和らいだとはいえ養家への拒絶反応がいまだ残っている私には養家の隣に住むなど、とんでもないことと思い、その話を断った。長男を預かってもらっているお宅が長男を可愛がっていてくれていることも理由の一つだったのだ。夕方仕事を終えて二十分程バスに乗り、そのお宅に迎えに行くとそこの奥さんが自分で編んだという可愛い手編みのセーターを長男に着せてくれてあるのだ。何度かそういう嬉しいことがあると私は安心して息子を預けられていたのだ。が、夫が「あの母親の言うことに従わないと後が怖い。従った方が良い」と言うのだ。多分夫は飲み仲間がその地域にいることもあったのかもしれない。初めての子育てと信頼出来るお宅でも長男を人に預けて仕事を終えてから長男を迎えに行く毎日に、少し疲れていた私は、夫がそう言うならと養母に子供を見てくれる人がいるかを聞いてみた。養母にわが子を預けることだけは絶対嫌だった。人々には私を「蝶よ花よと育てた」と養父母が口を揃えて言っていたが、私からしたらあれが蝶よ花よだったら世の中全員そうだろうと思わずにはいられなかったのだ。育てたことを恩着せがましく言われるのはことのほか嫌だった。何より養母が赤子の世話が出来るとは思えなかった。養母は「姉さんをいずれ見るつもりでいたからこの家に呼ぶ」と言うのだ。昔、私が養家に来る前に数か月か預かってもらったあの優しい小母さんだ。若い頃、養母が具合が悪い時に赤ん坊の義兄を世話したり、養家では一番親しくしていた親戚、養家に来るたびに兄へと援助金を渡していたことなど既に小父さんは亡くなっていたが、養家が珍しく小母さん夫婦に恩義を感じていたようだ。その小母さんが長男を見てくれるならと渋々私達は養家の隣に越していった。私達が越していくと同時に小母さんも東京での住み込みの働き先を辞めて、隣の養家に住むことになった。それからは私が出勤する頃に小母さんが隣から来て長男を見てもらう。その後、引っ越したその家で長女が生まれたが、産後、病院から戻っても隣に住む養母からは相変わらず一切何の助けもなかった。そういう時は夫が頑張ったものだ。

朝、私の勤めに出る時間に小母さんが来て子供二人のお世話をお願いして行く。時折、小母さんは隣の養家に子供達を連れて行ったりしていたようだ。長男は一歳を過ぎてやんちゃな時期で世話が大変だったようだが、長女は未だ大人しく養父母、小母さんに可愛がられたようだ。すぐ隣に住んだこともあってか養父母は私の子供達には普通の祖父母のように変わっていった。それも考えられない変化だ。しかし、小母さんが養家に住んで数か月後、この家で一緒には暮らしていけないと別のアパートを借りて住み始めたのだ。そうなると私達が小母さんを強引にこちらに来させた話になり、小母さんと私の関係もギクシャクし始めた。小母さんからは私の対応が悪い、自分の意志でもないのにこちらに来させられた。というような声が上がるようになってしまった。養母からの話とは言えないまま、昔の優しい小母さんの印象ではなくなってしまい、どうしたら小母さんとうまくやっていけるのか悩むこともしばしばだった。

そういう中で私は、早く自分達の家を持ちたいと思った。養家の隣にいつまでもいたくなかった。そして今後のために、私が勤めている間に家を建てたいと思っていたのだ。それを夫に話すと、夫は家を建てるのは、もっと先になってからと思っていたようだが、それから、休みの日には二人の子供を車に乗せ何か所か見て回った。その頃出始めた紙おむつを持って。当時は布おむつが普通で洗っては使っていたが紙のオムツは高価だった。

そして、小学校が近い場所に土地を決め、家を建てた。二人で公的に借りられるローンをめいっぱい組んだのだ。

新しい家で次女が生まれた。上の二人とは年が離れていたこともあってか末っ子の次女はとても兄姉に可愛がられた。小母さんが新しい家にもバスで通って来てくれた。やはり小母さんと私の関係も良好とは言えない状況は続いていた。

今にして思えば、小母さんが子供達を見ていてくれたからこそ私は仕事が続けられたのだ。その頃その感謝の気持ちを持てなかったことをとても申し訳ないと思うし、『小母さん、子供達を見ていてくれて有難う。大変感謝してます』今はその思いで一杯だ。

子供の小さい時は寝るのは夜一時二時を過ぎ、朝は五時起きの生活が続いた。仕事を終えて戻ると、子供の世話をしてくれる小母さんと交代して子供を見ながら炊事洗濯、子供の寝かしつけ、夫は帰宅が遅くなることが多く、家庭のことは私の仕事としてやってきた。夏の夜、三人の子供の手を引いて近くの夏祭りの会場に行くと、「まあ、良い子持ちだねえ」などと言ってくれると内心とても、嬉しかった。どんなに生活で疲労しようと可愛い子供のためならどんなことでも出来た。幸い、子供達は、両親共働きで学校から帰って母親不在でも素直に育った。私も子供が小さい時はどんなにか家にいたいと思ったことか。そういう中で、唯一私に出来ることは既成の物でなく私の作ったものを毎回家族に食べさせたいと思ったことだ。そのことを誰かに言うこともなかったし、子供達は私の思いをくみ取ってもいないようだが、このことだけは私の中で、子育てに関わる小さな自負として自分で納得していることだ。ほかの人も同じようにやってきたことだろう。でも、一生懸命、料理の本を見たり、工夫しながらいろいろな物を作った。ある時、職場にお弁当を持って行ったが、たまたま他の会食があったので隣席の同僚に食べてもらった。「とっても美味しくてきれいに詰めてあったわ、ご馳走様」と言ってくれた。職員旅行で年に一度一泊旅行がある時など、子供に寂しい思いをさせないように発奮して珍しい物を作り置きしたことは今でも記憶にある。

長男が社会科の授業の一環で、パン工場を見学し、パンをお土産にいただいてきた。そのパンがとてもおいしくて、自宅で作ろうということになり、夕食後、周りをきれいにかたづけた後、始まるパン作り、焼きあがった時の幸せな香り、今思えば何と楽しかったことか。当時はオーブンもなかったのにどう作ったのだろう。パン作りはその後も暫く続いた。

子供三人が同じ小学校に通っていた頃、一人が具合が悪く学校を休むと、他の二人も休んでいたり、帰宅してわかったこともあり笑ってしまった。又、ある時、私が帰宅すると三人が嬉しそうに私を玄関に迎えに来て、何かを見せてくれるのだ。懸賞に応募したのが当たったとのこと。それはブレーメンの音楽隊の人形セットだった。

飼い主に見放されたロバ、イヌ、オンドリがブレーメンの町の音楽隊に入ろうという物語の人形をとても可愛くまるで生きているように作ってあった。子供達が懸賞に応募したのだろう。子供達の嬉しそうにはしゃぐ姿が何と可愛かったことか。子供達は成長の過程で夫々の友達をよく家に連れて来たり、学校での話をよくしてくれた。小さい時は、母親不在で寂しい時もあっただろうが、それを私にぶつけることもなくいつも明るく接してくれたことに私は本当に感謝の気持ちでいっぱいだ。学校からの呼び出しも今は懐かしい思い出だ。

今思うことは、子供達の時々の場面でもっともっとたくさん褒めてこなかったことが悔やまれてくる。職場の行事で両親二人が遅くなる時など、長男が妹二人を守ろうと玄関先にバットが置いてあったことや、長女が私のいない間の家事を言わなくとも率先してやってくれていたことや末っ子の妹の面倒をよく見てくれていたことなど、数えきれない程のたくさんの協力があったのだ。子供達が自発的にいろいろなことをしてくれていたことは、私は今感謝し尽くせない思いだ。

結婚して子供を持ってからは毎日がにぎやかで忙しく笑いの絶えない実に幸せな時間だった。母親がわが子を育てるのは人生で至福の黄金期であり、そう実感するのは、子供を育て上げて大分経ってからだ。子育ての渦中は『ほんの少しで良いから時間が欲しい』と思ったが、現在は毎日が自由時間だ。子供を育てながら学んだこと、たくさんの経験は他に比べるものがない幸せが詰まった濃い時間だった。

そしてこれだけは強く伝えたい。子供は宝だ。自分の経験から思うが、両親が揃って子供を育てるのが最も望むことだが、たとえ一人親でも我が子を決して手放してはならない。

苦しくとも、いつか必ず幸せは得られるのだから。

そして、自分の親に育てられたら、それだけでどんなに幸せなのかを感じ、親に感謝の気持ちを持ってもらいたい。決して当たり前ではないのだから。

私の二十歳頃は自分の将来像など全く描けなかった。自分の生い立ちから思えば人と同じような幸せが来るとも思えなかった。それでも、日々精一杯努力してきた。

私のやってきたことが全て素晴らしいわけではないが、与えられた環境の中で、一生懸命努力し、過ごしてきたことだけは伝えたい。

私の幼少期から成人するまでの境遇は何故与えられたのか？　意味が有るのかわからないが、二十年間、自分ながらよく耐えてきたと思う。そこで得たものは我慢することだけかもしれないが、それでも養家一家に気に入れられようと必死で生きてきた自分を自分で褒めてあげたい。

現在の人生

夫と別居して二十年になる。次女の最初の結婚に大反対した夫との意見の相違で別暮らしを始めた。いつの間にか長い年月が経った。今は次女も良い人と結婚出来、当時二歳だった孫娘も希望の仕事に就いている。

私の中では、生まれた東北だけがほんの短い期間だったとしても、愛情というものを感じられたことで、そこだけが故郷と思っていたが、結婚して子供を育てた第二の故郷があることを今更気づいた。私もそろそろ子育てした懐かしい場所に戻ろうかと思うようになった。

夫の同意がなければ出来ないことだが。

私は、五十代後半から職場を通じた旅の友が出来て、マイクロバスを借り切って新潟方面、山梨、福島、伊豆等各地域の人との交流を企画してくれるお世話役を買って出てくれる人のおかげで他にはない楽しい旅をすることが出来た。又、海外旅行も同じ仲間、参加者はいろいろな職業の男性陣五、六名、女性は同じ仕事の女性四、五人で男性が多いことで何かと頼りになり、食事時の楽しい宴席、十年近く親しい仲間で出かけられたことは楽しい思い出となっている。今はコロナの環境下でどこにも行けず、以前の仲間との旅は楽しい思い出となっている。行っておいて良かった。

1型糖尿病と言われてから、もう十年経った。1型の人は五万人に一人の割合で発症するとのことだ。私は暴飲暴食のタイプではないし、太ってもいない。それでも自己免疫機能の作用により発症してしまったのだ。当初、二週間の教育入院の中で医師から告げられ、高血糖にならぬように退院後のインスリン注射、服薬、生活上の注意事項を教育させられたのだ。退院後は、自分ながらに一大事と思い、過度の食事制限をし、体重も更に減ってしまった。現在は状態にも慣れて、医師の指導のもとで自分に適したやり方で、炭水化物量の節制をしているが、どうしても、食欲に負けてしまうことが、往々にしてある。高血糖、低血糖の調整はむつかしい。

六十歳前から始めた油絵は、昔漫画家になりたいと淡い希望があったこともあり、絵画好きの延長で今も上達はしないが、描くことが好きで続けている。何度か公募展に出したが継続性が希薄の私は出したり止めたり、その中で友人になった女性は同じ公募展に二十年以上出品し続けていることを聞くと、私も見習って頑張ろうと思うのだ。そういう年代を超えた同じ趣味を持つ人との交流も人生の醍醐味だ。数年前、加入した絵画グループの人達、皆さん素晴らしい人柄の方々でこういう居場所を得られたことにも感謝したい。絵画はこれからも苦しんだり楽しんだりしながら続けていきたい。

今までにも気功教室、英会話教室と通ったが、自分の体力気力が有るうちは続けていきたい。趣味の話から親しくなるとお互いの人生の話をしたり、その人の歩みに共感したり、教えられることがあったりと大変参考になることが多い。友人が増えるのはとても嬉しいことだ。

子供達の小さい頃は子供と一緒にいたくて、仕事を辞めたいと思ったり自宅で出来る仕事はないかと探したりしたが、生活のために働かざるを得なかったことが、今は良かったと思っている。今、振りかえってみると何の特技も才能もない私が長年勤められた上、職場で出会った沢山の人達にも恵まれた。感謝あるのみだ。

私は一年前に、自宅で急に意識不明になり、倒れてしまった。数日前から『体が重い』とは思っていたが、そのような事態になるなど思ってもみなかった。その時助けてくれたのはカナダから一時帰国していた孫娘だった。私の異変を知ると直ぐに救急車を手配し病院に付き添ってくれ、私の子供達に連絡してくれ、皆駆け付けてくれた。コロナでみんなに面会は出来なかったが、二十日間入院して退院出来た。

あの時孫娘がいなかったら、今私はこうしていないだろう。自分から救急車を呼ぼうにも、手が動かせないこともわかったし、体がいつもと違うと思った時には無理をしてはいけないことも学んだ。

孫娘に生かされた命に感謝したい。

皆、私の体調をいつも気遣ってくれている。優しい子供達、孫に感謝したい。

今、自分の記録を書いてみて思ったことは、養家でのことを思い起こすとほとんど辛いことが多かったが、それでも養父が時折細かいところで私をかばってくれたことも思い起こされる。未だ当時は高校に行く人も今程ではなかったなか、高校まで出してもらい、今の人生に繋がっていることを思えば感謝の気持ちを持たなくてはいけないのだ。

職場で出会ったたくさんの上司、同僚にも恵まれた。

そして高校からの友人達、職場で出来た友人、趣味の仲間、有難いことに沢山の良い友人にも恵まれている。これからも無理をせず、いろいろなことに興味を持ち楽しんで生きていこう。

著者プロフィール

加藤 れあ（かとう れあ）

1946年生まれ。

福島県白河市出身。


市井の目立たない一個人です。70歳過ぎて自分の生い立ちを強く感じるようになりました。

全く縁のない家へ養女として貰われ、義母との軋轢に耐えてきた日々が今更ながらに思い返されます。

実父母との縁こそ人の基本であると思います。

自分の両親に育てられたことを有り難く、感謝することに気づいてほしく思います。

夢の山河

2023年12月15日　初版第１刷発行

著　者　加藤 れあ
発行者　瓜谷 綱延
発行所　株式会社文芸社
〒160-0022　東京都新宿区新宿1－10－1
電話　03-5369-3060（代表）
03-5369-2299（販売）

印　刷　株式会社文芸社
製本所　株式会社MOTOMURA

ISBN978-4-286-24657-4